AF260913

OBRANDO EN
ABUNDANCIA

Prepárate a abrir el flujo del misterio divino a través del Salmo 23

ADONIJAH O. OGBONNAYA, PH.D.

אתה

ADONIJAH O. OGBONNAYA, PH.D.
OPERANDO EN ABUNDANCIA
Dr. Adonijah O. Ogbonnaya. Segunda Edición

Publicaciones Copyright © 2009, rama literaria de AACTEV8 Internacional (Apostolic Activation Network)

Aactev8 International1020 Victoria Ave. Venice, CA 90291 www.aactev8.com
Publicado por Seraph Creative 2022 ISBN: 978-1-958997-10-9
Editado por Kathy Strecker & Jonathan Brown
Library of Congress data

Alquimia, oración, provisiones, crecimiento personal, espiritualidad. El Padre Nuestro, Voluntad, voluntad del hombre, voluntad de Dios, Reino de Dios, cielo, perdón, tentación, poder espiritual, transformación, estudio de la Biblia.

Queda prohibida la reproducción total o parcial de este libro, su almacenamiento en un sistema de recuperación de datos o su transmisión de cualquier forma o por cualquier medio, ya sea electrónico, mecánico, por fotocopia, por grabación u otros métodos, salvo para citarlo brevemente en una reseña impresa, sin la autorización previa del titular de los derechos de autor.

Citas bíblicas de la New American Standard Bible, a menos que se indique lo contrario. ESV, NIV, NKJV, KJV (textos traducidos de la versión inglesa al español).

Diseño artístico de la portada por Feline Graphics

Composición tipográfica, ilustración y maquetación por

Feline www.felinegraphics.com

978-1-971498-04-1 (ISBN)

978-1-971498-05-8 (eBook)

ÍNDICE

אתה

אתה

PRÓLOGO

La primera vez que prediqué estos mensajes en nuestra iglesia local en Venecia, Dios me prometió que Él se encargaría de mostrar a la gente lo que es la esencia de la abundancia si yo me encargaba de predicar sobre ello, y que nuestra comunidad y familia global se moverían hacia un mayor nivel de abundancia.

Me gustaría decir que este libro no trata sólo de dinero, o finanzas, o incluso sólo de negocios, este libro está escrito para ayudarte a convertirte en una persona generosa. Mientras termino este libro, me asombro del plan divino de Dios, en medio de la pandemia de Covid-19 en que la tierra se desplazó a un lugar de miedo y carencia.

Conforme comparto esta revelación, confío en que Dios se moverá en tu vida para cambiar el sistema operativo bajo el que funcionas. Este libro capacita al creyente para avanzar por el camino de la abundancia, manifestando riqueza en todas las áreas de la vida.

He utilizado el patrón que encontré en el Salmo 23, un texto muy conocido por muchos sobre el cual me gustaría traer nueva luz, ya que Dios ha hecho brillar su luz divina y me ha revelado los misterios ocultos en este salmo.

Creo que este libro te proporcionará claves para ganar libertad, como le pasó a David, el amigo de Dios, que aprendió Sus caminos. Así podrás caminar por esos mismos senderos, hacia un lugar donde el agua viva de Dios nunca se agote en cada área de tu vida.

Servimos a un Dios que nos ha dado en abundancia a su Hijo único, Jesucristo, no sólo el Salvador del mundo, sino el regalo de un Padre a sus hijos, diciendo a la humanidad: Os valoro más que al oro y a la plata, os valoro más que a mi creación, sólo puedo mostraros mi amor enviando a mi Hijo, para mostraros el corazón mismo de la generosidad.

Pido a Dios que te bendiga, mientras aprendes los caminos de la justicia en este libro, que el Espíritu de Sabiduría te imparta la sabiduría para caminar en modos que bendigan a tus generaciones y cambien la frecuencia misma de tu vida, a alegría, a esperanza y a una hermosa actitud de maravilla y asombro por la provisión de Dios.

Que Dios te bendiga y te guarde.

Shalom

Dr Adonijah O. Ogbonnaya

CÓMO LEER ESTE LIBRO

El Salmo 23 es probablemente uno de los pasajes bíblicos más famosos y queridos de todos los tiempos. Sin duda, es el salmo al que primero recurrimos cuando clamamos a nuestro Padre en momentos de necesidad. Aunque este salmo está constantemente a nuestro alcance, el Dr. Ogbonnaya nos dice que el Salmo 23 contiene verdades y misterios significativos que aún no hemos captado ni hecho nuestros en la forma en que nos relacionamos con Dios y operamos dentro de Su provisión hacia nosotros.

Obrando en abundancia nos lleva a desentrañar los misterios del Salmo 23 y a adentrarnos en el reino del descubrimiento de la verdadera esencia del corazón de nuestro Padre. El Dr. Ogbonnaya se adentra por los caminos que el propio David recorrió para ayudarnos a descubrir la naturaleza de Dios y hasta dónde llega para perseguirnos con su amor implacable. A lo largo del camino, el Dr. Ogbonnaya se detiene para descifrar niveles ocultos de revelación y expone el significado de palabras clave y frases, explicando cómo las letras hebreas y la gematría enriquecen y apoyan las verdades más profundas de la bondad y la misericordia de Dios.

Emprende este viaje, armado con la oración y un espíritu dispuesto a derribar viejos paradigmas y formas de pensar. Prepárate para descubrir aún más sobre la bondad de nuestro Padre y aprovechar las infinitas posibilidades de Su provisión eterna. Al final del libro, el Dr. Ogbonnaya presenta un gráfico del Aleph Bet para ayudarte a descomponer ciertas palabras y frases en sus correspondientes componentes en hebreo.

¡Prepárate para abrir la puerta a Sus divinos misterios!

Salmo 23
Nueva Versión Internacional y La Biblia de las Américas

El Señor es mi pastor
Salmo de David.

[1]El SEÑOR es mi pastor; nada me falta.

[2]en verdes prados me hace descansar. Junto a tranquilas aguas me conduce;

[3]Él restaura mi alma: me guía por senderos de justicia haciendo honor a su nombre.

[4]Aunque ande por valle de sombra de muerte no temeré mal alguno, porque tú estás conmigo. Tu vara y tu cayado me infunden aliento.

[5]Preparas mesa delante de mí en presencia de mis adversarios. Unges mi cabeza con aceite; mi copa está rebosando.

[6]Ciertamente el bien y la misericordia me seguirán todos los días de mi vida, y en la casa del SEÑOR moraré por días sin fin.

אתה

CAPÍTULO 1

NUESTRO PROVEEDOR OMNIPRESENTE

Los seres humanos hemos sido entrenados durante milenios para creer que no hay suficiente, que vivimos en carencia. Esta es, en gran medida, la base de todas las guerras y luchas: la creencia en la carencia (me fijo en algunas de las grandes guerras que se han librado en el mundo y la mayoría han sido por motivos económicos).

Muchos miedos y ansiedades derivan de no tener lo suficiente. Las peleas familiares suelen girar en torno a la provisión o a la falta de ella. Parece que lo tenemos todo y, sin embargo, pensamos que no tenemos suficiente. Nos venden la idea, en nuestra psique, de que nunca hay suficiente. Pensamos que si no lo vemos, entonces no está ahí. En otras palabras, nuestra tendencia a espiritualizar y materializar la carencia acaba haciendo que no entendamos nada más allá de lo que podemos ver. Además, nos han enseñado que todo lo que tenemos o nos ha pasado, nos lo hemos ganado trabajando. Esto es claramente falso. Nuestro pensamiento y creencias están guiados por muchos supuestos falsos en torno a nuestra comprensión de la provisión.

Después de que Moisés sacó a Israel de Egipto y lo llevara al desierto, el pueblo se quejó y pidió otro Dios. Si vivían en el desierto sostenidos por la provisión de Dios, ¿por qué iba Israel a pedir otro Dios? Es indicativo del sistema intrínseco y de la creencia de carencia a la que estaban acostumbrados y de que Dios, por sí mismo, no era suficiente para ellos. Clamaban por otro dios porque necesitaban un dios que pudieran ver, tocar y a quien pudieran manipular. Necesitaban un dios menor que ellos mismos. Cuando Israel entró en el desierto de Egipto, lo hizo a través de una plétora de promesas de Dios; fueron guiados por Dios. Dios les proporcionó todo lo que necesitaban en el desierto.

Dios no les exigió nada para sacarlos de Egipto. Ellos no crearon el cordero cuya sangre usaron en el dintel de la puerta. La noche de su liberación sobrenatural un ángel obligó a los egipcios a liberarlos, incluso Israel ignoraba por completo lo que sucedió esa noche. Todo lo que les sucedió fue un milagro de la providencia divina. Dios estaba plenamente presente; sin embargo, como habían sido entrenados para creer que nunca había bastante, ni siquiera la presencia de Dios era suficiente.

Lo que Dios realizó en el milagro del Mar Rojo está claro, si lo entendemos desde la perspectiva judía. La Biblia dice que Israel entró en el mar, indicando que estaban bajo el agua. Y el mar se dividió, formando un muro a ambos lados. Tenían el mar sobre ellos y un muro marino a cada lado; caminaban a través de un túnel. Esta formación revela el misterio de lo que Dios hizo: El agua por encima y a cada lado formaba la letra hebrea «Hei». «Hei» representa una puerta a otra dimensión; así, habiendo entrado en el túnel, Israel había entrado en otra dimensión.

> Podemos estar viviendo las mismas experiencias que otros seres humanos y, dependiendo de nuestras perspectivas, nosotros sobreviviremos mientras que ellos no.

Entonces el ángel de Dios, que marchaba al frente del ejército israelita, se dio vuelta y fue a situarse detrás de este. Lo mismo sucedió con la columna de nube, que dejó su puesto de vanguardia y se desplazó hacia la retaguardia, quedando entre los egipcios y los israelitas. Durante toda la noche, la nube fue oscuridad para unos y luz para otros, así que en toda esa noche no pudieron acercarse los unos a los otros. (Éxodo 14:19-20 NVI).

El comentario de muchos padres judíos sobre este milagro decía que gracias a la combinación de las letras hebreas y la combinación del nombre de Dios, Moisés fue capaz de crear una estructura angélica para mantener el agua en alto y entre ellos y los egipcios. Dios les estaba haciendo saber que estaban en una posición eterna, infinita. No había nada que Dios no pudiera hacer por ellos.

Israel salió del túnel, de otra dimensión. El túnel los llevó al otro lado del Mar Rojo con el ejército egipcio muy por detrás de ellos. Cuando Israel cruzó al otro lado, las escrituras dicen que Dios hizo pesadas las ruedas de los egipcios, y hubo oscuridad entre el lado de

Israel y el otro lado; en consecuencia, los egipcios no pudieron cruzar al otro lado. Esto demuestra aún más que Israel, de hecho, había entrado en otra dimensión. Al salir del túnel de agua, Israel aprendió y comprendió que podía entrar en otra dimensión. Esto significa que podemos estar en el mismo túnel que otros y, mientras a ellos les pesan las ruedas, nosotros avanzamos con facilidad. Podemos estar sufriendo las mismas experiencias que otros seres humanos y, dependiendo de nuestras perspectivas, nosotros sobreviviremos mientras que ellos no. Cuando Israel salió del túnel, experimentó la provisión a cada paso porque Dios no cambió el proceso. Tomó la misma estructura angélica que existía en el agua y la colocó a su alrededor. Podemos ver esto en la oscuridad, la columna de fuego de noche, y la columna de nube de día. Era el mismo proceso que los protegía de lo que fuera que temieran y de lo que pudiera venir contra ellos. Cuando clamaban, la misma presencia liberaba la provisión: alimento o refugio. David dijo: «Comieron el alimento de los ángeles». Jesús dijo: «Yo soy ese pan en el desierto». Dios quería que Israel entendiera que eran esclavos, es decir, un pueblo que opera desde una posición de carencia, pero que no tenían que preocuparse por la provisión.

> Si actúas desde la carencia, nunca estarás tranquilo. La respuesta a tu inquietud podría ser cambiar la perspectiva sobre la capacidad de Dios para proveerte.

La carencia no se refiere sólo a la comida, sino a todo lo que sustenta nuestra vida. Si partimos de la carencia, todo el mundo a nuestro alrededor nos parecerá imperfecto. Nunca estaremos satisfechos con nada de lo que hagan por nosotros. Dios estaba comunicando a Israel el principio de suficiencia o abundancia: hay suficiente. Si Israel hubiera comprendido la provisión de que disponía, se habría sentido satisfecho. Si entendemos que hay suficiente, entonces podemos estar satisfechos. Y si estamos satisfechos, podemos amar a nuestros hermanos y hermanas. No tenemos que ir a la guerra contra nuestros semejantes. Nuestra idea de la carencia ha sido desacertada.

Si no estamos satisfechos con lo que tenemos a nuestro alrededor, estaremos constantemente buscando algo que no está ahí; en consecuencia, viviremos con una sensación de vacío, pensando que no somos suficientes. Nuestro mundo está condicionado por la carencia, que es la base de lo que creemos, pensamos y vivimos.

Al vivir con una sensación fundamental de carencia, creamos ídolos que son menos que nosotros para que se conviertan en nuestros guardianes.

Siempre que pensamos que no hay suficiente, caminamos con miedo y ansiedad, lo que nos obliga a pensar en las personas como cosas u objetos. Sin un autoexamen profundo, dejamos de ser humanos y nos creemos algo que no somos. Nuestro objetivo no es ser un ángel, sino ser un ser humano. Debemos examinar por qué nos comportamos con los demás como lo hacemos. Mediante el autoexamen, comprendemos que necesitamos arrepentirnos, no que los demás necesiten arrepentirse. Hacer que otros se arrepientan no es nuestro trabajo; más bien, debemos rectificarnos a nosotros mismos y mantenernos en una posición que nos permita ver la forma en que Dios es y cómo se relaciona con nosotros. Dios no se relaciona con nosotros con parcialidad y por carencia.

Una de las razones por las que actuamos con conciencia de carencia es que no nos damos cuenta de que Dios está presente. Dios es para la humanidad como un pastor para las ovejas. En el contexto de la cría de ovejas, el pastor siempre está entre las ovejas, estén enfermas o sanas, con lo cual el pastor siempre huele a oveja. Así pues, Dios lleva toda la provisión en el universo; y desde sus entrañas, el universo viene a la existencia, los mundos se crean de forma continua, y nosotros fuimos creados. Si esto es cierto, entonces es razonable aceptar que nosotros llevamos la misma provisión divina. Cuando Dios creó al hombre, lo hizo de arcilla de la Tierra. Luego, Dios sopló su aliento en el hombre, lo que hizo que cobrara vida. El aliento de Dios impulsa el ser de Dios en todo nuestro ser; así, tenemos acceso a todo lo que está dentro de Dios. Cuando Dios respira, nos da vida. Cuando respiramos, recibimos de Dios. Esta interconexión del aliento significa que la misma plenitud del Padre entra en nosotros. Desde una perspectiva ontológica hebrea, el hombre tiene un alma superior y un alma inferior. El alma inferior, que Dios insufló en el hombre, se llama nefesh. Así, el aliento de Dios se refiere al alma inferior, nefesh, porque es el mismo aliento que nos dio nefesh. Tanto el hombre como los animales tienen nefesh. Cuando el hombre respira, no se trata sólo de una función física. Es un recordatorio para Dios de que la plenitud del ser de Dios debe llegar a nosotros.

El escritor del Eclesiastés escribió: «Donde hay aliento, hay esperanza», que se refiere a esta interconexión de aliento entre Dios y el hombre.

«El Señor es mi pastor; nada me falta».

La necesidad proviene de un sentimiento interior de carencia. David escribió: «No me faltará/no echaré en falta/no querré nada». La palabra «querer» es la palabra hebrea «Achsar» que puede traducirse «no me faltará» o «nunca tendré las manos vacías". Nuestras manos son valiosas porque en ellas están escritos los pergaminos de nuestro destino. Todos los antiguos creían que hay un pergamino escrito en la mano humana. Es este pergamino del destino lo que los quirománticos tratan de leer. En el Salmo 91:12 la Biblia dice que los ángeles te llevarán en sus manos. Nadie puede deshacer el registro de la intención de Dios inscrito en la palma de nuestras manos. «Yo lo haré» se utiliza como un imperativo, una garantía, porque la presencia de Yahvé garantiza que nuestras manos estén siempre llenas del registro y el flujo de Su intención divina que, según las Escrituras, es Su buena voluntad.

Si actuamos desde la carencia, nunca podremos estar tranquilos. La respuesta a nuestra inquietud podría ser cambiar nuestra perspectiva hacia la capacidad de Dios para proveernos.

«Me conduce junto a aguas tranquilas».

El único lugar donde existen aguas tranquilas es en la sala del trono. En el libro de Apocalipsis, cuando Juan vio el trono de Dios, vio que el mar era como cristal. El mar no tenía ondas.

Dios nos ha quitado todas las excusas para caminar en la carencia. Decíamos que el diablo era nuestro problema, Dios venció al diablo en la cruz. Dijimos que nuestro pecado era el problema, Dios dio su sangre para lavar nuestro pecado. Dijimos que eran las tinieblas, Dios nos hizo luz. Dijimos que no teníamos amigos, Dios se hizo nuestro amigo y nos rodeó de ángeles. Cuando olvidamos la verdad de que Yahweh es nuestro Proveedor omnipresente y que recibiremos de Él, permanecemos operando en la carencia.

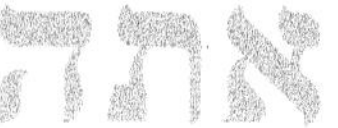

CAPÍTULO 2

EN PASTOS VERDES

Todos los muros del mundo se basan en la idea de escasez o ansiedad; la ansiedad se basa en una sensación subyacente de escasez.

La mayoría de los sistemas sociales, como la política y la economía, se basan en la idea de escasez. El sistema económico se basa en la idea de los recursos limitados de la Tierra y en cómo se controlan y se apropian esos recursos para que ninguna persona o grupo reciba demasiado. En consecuencia, hemos sido entrenados para operar desde una posición de carencia y escasez, que afecta a todo lo que hacemos. En el Salmo 23, David escribió: «El Señor es mi pastor; nada me falta». Esto revela que David aprendió a vivir sin una sensación de escasez. David se refería a una vida sin carencias. Deberíamos ser como David y actuar desde un lugar en el que nuestras vidas no tengan sentido de la carencia. No es que no haya carencia, sino que no hay sensación de carencia. El salmo dice: «Nada me faltará». Con esta expresión, David reveló que colocó la idea o el sentido de abundancia en la estructura interna de sí mismo. Si nos encargásemos de desarmar la estructura mental de escasez o carencia, nos abriríamos al flujo de la abundancia.

David escribió del Señor como su pastor. La palabra hebrea para «pastor» en el Salmo 23 es «Ra'ah» (רָאָה). Se trata de una palabra fascinante porque significa algo más que un pastor que cuida de sus ovejas. «Ra'ah» podría traducir la frase como "El Señor es mi manera de ver". Recordemos que Abraham llamó al Señor «Jireh» porque «Jireh» (יִרְאֶה) significa ver, aunque a menudo se ha dicho que significa provisión. Por lo tanto, Jehová Yireh no es realmente el Señor es mi proveedor; es el Señor ve y es la manera de ver. Cuando Dios creó el mundo, primero habló y después, vio. Esto es importante porque nuestras vidas se van definiendo en base a lo que decimos y a cómo interpretamos lo que vemos.

El Salmo 23 puede leerse así: «El Señor es mi modo de ver; nada me faltará». Ver como Dios ve abre nuestro ser al flujo de la abundancia. Todo ser humano lleva en su estructura interna el registro completo de la provisión divina. Cuando los seres humanos ven como Dios ve, pueden salir de la programación que les ha enseñado a ver desde la perspectiva de la escasez.

David escribió: «En verdes pastos me hace descansar».

Ahora bien, el reposo debe distinguirse del sueño; el reposo es una calma y una tranquilidad interior fuera de lo común, cuando nada nos mueve por dentro.

«En la morada de los prados me hace reposar o me hace descansar». Este versículo revela los principios y la tecnología para aprovechar y liberar la abundancia que llevamos dentro. Si la sensación de escasez provoca ansiedad e inquietud, la sensación de abundancia provoca descanso. Tal vez la razón de nuestra ansiedad es nuestro enfoque en lo que no tenemos, en lo que tal vez nunca tengamos, o nuestro enfoque en que otros lo reciban y se acabe antes de que tengamos nuestra oportunidad. Esta idea de escasez suena a estrategia de venta: ¡consíguelo antes de que se acabe! ¡Es la última venta del año! Todos los anuncios hablan de cosas que se van a acabar. Si no te das prisa, si no haces esto o aquello, el producto se agotará. Al año siguiente, incluso con los mismos anuncios, respondemos igual.

En lugares de verdes pastos me hace descansar.

Este principio de descanso es siempre la tecnología para liberar la abundancia o el pergamino de la abundancia de la divinidad que estaba en la mente y la intención de Dios antes de crearnos. Ahora bien, el reposo debe distinguirse del sueño; el reposo es una calma y una tranquilidad interior fuera de lo común, cuando nada nos mueve por dentro. El descanso es estar en el centro de la tormenta, donde la ola no existe, aunque la tormenta arrecie a nuestro alrededor. Eso es lo que ocurre si nos conocemos a nosotros mismos y tenemos una forma de ver que se centra en el lugar adecuado. Dependiendo de nuestra perspectiva, si miramos algo terrible, podemos tener ansiedad por lo que vemos o podemos seguir teniendo paz.

Dios habla del descanso desde el Génesis. La Biblia está repleta de «Yo os daré descanso»; sin embargo, el descanso no es un cese del trabajo o de la actividad. Es una paz interior. En África, decimos que un gran bailarín es alguien que se mueve y, sin embargo, está quieto. Los europeos dicen que el bailarín tiene gracia. Si la bailarina tiene gracia, hace que la danza parezca fácil. Encontrar ese centro y permanecer ahí pase lo que pase. Encontrar ese centro no significa sentarse en casa a ver la televisión, comer burritos y beber Coca-Cola. Eso no es descanso; es pereza. Por lo tanto, descansar en la profundidad de tu ser no es pereza. Demasiados creyentes piensan que descansar es dejarlo todo. Los buenos guerreros siempre descansan en sí mismos.

Incluso Dios está en reposo. Jesús dijo que mi Padre trabaja hasta ahora y yo también trabajo. Sin embargo, la Biblia dice que Dios descansó. Esto es un misterio: Dios, que trabaja y también descansa, es lo que Dios es. La idea del reposo es probablemente una de las mayores claves para desentrañar la profundidad de lo que hay dentro de nosotros, lo que se insinúa en las expresiones «estad quietos y no os afanéis por nada». Una forma de saber que tenemos descanso es si creemos algo absolutamente, independientemente de lo que ocurra a nuestro alrededor, porque la fe es una expresión de descanso, no de agitación mental. Pero muchos han convertido la fe en: «¡Tienes que creer!». En verdad, la fe que obra desde el reposo es más poderosa que la fe que obra desde la actividad. Dios dijo de Israel: «No los traeré a mi reposo porque no creen». Así que, la fe crea el descanso, pero el reposo hace nacer la fe. Si no creemos, no estaremos en paz. Si no estamos en paz, no creeremos.

David dijo: «Junto a aguas tranquilas me conduce». La palabra que se utiliza para «junto a» es la palabra 'al (עַל) en hebreo.

La idea del descanso es probablemente una de las mayores claves para abrir la profundidad de lo que hay dentro de ti, esa sensación de «estate quieto y no te inquietes por nada».

Esta palabra significa «sobre» o «flotar sobre» el agua, no al lado del agua. Debería decir: «Me conduce sobre las aguas, las aguas tranquilas». En lugar de caminar junto al río, estamos en el centro del río, sobre el río. Estamos suspendidos o flotando sobre el río. En realidad, David no quería decir que Dios lo guiaba por el mar en la tierra, porque el mar en la tierra no está quieto. Se refería al mar en el cielo ya que es el único lugar donde hay un mar que no tiene ninguna perturbación. En Apocalipsis 15:2, dice: «Vi un mar y era tan quieto o tan liso como el cristal». No es el mar de cristal sino que parece de cristal porque está completamente quieto. No importa lo que le pase o le hagan, no tiene ninguna ondulación porque no es un mar en el tiempo; está en el lugar de la eternidad. Nada lo mueve, lo que significa que es un mar inmutable. Si estamos operando en ese mar y Dios nos coloca allí, las estaciones no nos importan porque estamos viviendo en la fuente misma de la vida. El tiempo, los cambios y las vicisitudes no importan. Además, el agua es símbolo de abundancia. El mar tiene más criaturas que la tierra: es la fuente de la abundancia. Cuando Jacob bendijo a uno de sus hijos, aludió al mar: «La abundancia del mar vendrá a ti». Estar sobre el mar significa que nos encontramos en el lugar donde Dios libera abundancia sobre la tierra, independientemente de nuestra edad, etnia o características físicas, etc. No estamos debajo del mar sino encima del mar, un lugar de dominio y gobierno en reposo.

> La idea del descanso es probablemente una de las mayores claves para abrir la profundidad de lo que hay dentro de ti, esa sensación de «estate quieto y no te inquietes por nada».

El reposo es un lugar o estado de calma que produce abundancia sin inquietud. Por ejemplo, Francia es una de las primeras naciones en dar a los trabajadores fines de semana libres.

Cuando Francia implementó esta práctica, muchos dijeron que Francia iba a morir económicamente; sin embargo, Francia descubrió que cuanto más daban a su gente un espacio de descanso, más aumentaba su productividad. A raíz de ello, Francia sabe que cuando los trabajadores descansan, vuelven al trabajo con más energía. Dar a los trabajadores fines de semana libres es ahora una ley en el país. Los psicólogos empresariales saben que los trabajadores necesitan un periodo de descanso después de trabajar tres horas seguidas, sobre todo en trabajos más físicos.

El principio del descanso que conduce a la renovación es intrínseco a la ley natural. Cuando operamos en reposo, activamos en nosotros la abundancia que restaura el alma. David dijo: «Él restaura mi alma». El descanso es un proceso restaurador que nos rejuvenece. En el rejuvenecimiento, estamos produciendo algo nuevo cada vez porque nos da acceso a nuestro inconsciente. A la inversa, hasta que no descansamos, nuestro inconsciente nos resulta inaccesible. De lo contrario, estamos operando desde nuestro subconsciente, que es desde donde empujamos todo nuestro desorden. Operamos desde la perspectiva del caos porque todo lo que hacemos es a través de nuestro dolor o malas experiencias. Esto hace imposible que podamos acceder al registro divino que descendió del cielo para nuestras almas. La sociedad nos ha entrenado para operar desde la perspectiva de un desorden que nos inclina del descanso a la preocupación; sin embargo, cuando descansamos, alcanzamos una conciencia divina a la que la preocupación nos impide acceder.

> La riqueza nace dentro y no fuera.

Somos la abundancia. En términos de capitalismo, los empresarios nos pagan por nuestro trabajo. Pero en realidad, no nos pagan por la persona para la que trabajamos. Nos pagan por lo que llevamos. Cogemos lo que llevamos dentro y se lo damos a alguien. La persona nos da dinero. La riqueza no viene de fuera, viene de dentro. La única manera de acceder verdaderamente a la riqueza es viniendo al descanso. Jesús dijo: «Venid a mí todos los que estáis trabajados y cargados, y yo os haré descansar». Además, la Biblia nos dice que trabajemos para entrar en su descanso. Nuestro enfoque debe ser llegar a un lugar de descanso.

אתה

CAPÍTULO 3
SENDEROS DE JUSTICIA

Hemos crecido con la idea de que las cosas se acaban. Este problema de base nos impide operar en la plenitud del incremento del Padre. Nuestro concepto de escasez está tan arraigado en nuestro pensamiento que incluso pensamos que Dios no tiene suficiente. No podemos negar esto como nuestra forma de pensar (he hablado con creyentes que dicen cosas como, «Hay otras personas de las que Dios necesita cuidar» y «No quiero molestar a Dios» o «No quiero importunar a Dios». De hecho, yo aconsejo a la gente que dice esas cosas). Esta forma de pensar está arraigada en nosotros desde que nacemos. Nos matamos unos a otros porque pensamos que no hay suficiente. Nos ofendemos incluso por puestos de trabajo porque pensamos que sólo hay unos pocos puestos que cubrir.

Dos personas que discuten por algunas cosas que saben que Dios provee en abundancia no están pensando racionalmente, de acuerdo con la verdad de Dios. Esto es indicativo de la forma en que fuimos condicionados a pensar; operamos de esta manera. No obstante, entramos a este mundo con una abundancia completa de provisión del Padre. En realidad, Dios no le quitó el suministro a Adán; sólo dijo que el hombre tendría que sudar para manifestarlo. La plena abundancia del suministro del Padre es accesible, debemos sudar para manifestarla y acceder a ella. Comenzamos con una afirmación del hecho de que venimos de, operamos en, vivimos en abundancia, y caminamos hacia la manifestación de la abundancia porque está en nosotros. Dios no es un Dios de carencia o escasez. Dios no se vacía cuando nos regala a nosotros. Si realmente creemos esto, nuestras vidas y la manera de percibir las cosas será muy diferente.

David dijo: «El Señor es mi pastor; nada me falta (no querré nada)». La palabra « querer » significa una percepción constante de que necesitamos algo que no nos ha sido suministrado.

Nos preocupamos por cosas que no son nuestra responsabilidad. Si Dios es el pastor, es responsabilidad del pastor llevar a las ovejas al lugar de aprovisionamiento. La responsabilidad de las ovejas es comer cuando llegan al pasto. No es responsabilidad de las ovejas plantar hierba. Hay suficiente pasto para las ovejas. Del mismo modo, nuestro suministro está lleno. Es nuestra percepción la que crea un bloqueo entre el suministro y el flujo hacia nosotros. Para asegurarse de que tenemos acceso al suministro, Dios nos hace descansar en verdes pastos; nos conduce junto a aguas tranquilas. Él restaura nuestras almas, y nos guía por sendas de justicia por amor de Su nombre.

David escribió: «Él me guía», o en hebreo «Él me cautiva». Cautivar no significa forzar. Originalmente, la palabra se utilizaba para referirse a guiar y ayudar a alguien con gestos de amabilidad para llevarle adonde va, para animarle a moverse en una dirección determinada. Debemos permitir que Dios nos guíe para que podamos acceder a la abundancia. Guiar no es forzar. Dios no nos obliga a ir a donde está la oferta. Dios obra mostrándonos cosas, dándonos conocimiento; así, para poder saber dónde está el suministro, nuestros ojos tienen que estar abiertos. Cuando Abraham estaba en la montaña, la Biblia dice: «En la montaña se ve al Señor» (Gn. 22:14). El texto hebreo dice que Abraham llamó al lugar donde estaba Jehová Yireh. Anteriormente, discutimos que Jehová Yireh significa el Señor se encargará de ello o yo me encargaré de ello, no el Señor proveerá. Abraham llamó al lugar donde estaba Jehova Yireh que significa en la montaña se verá. Esto revela que la clave de la provisión es nuestra capacidad de ver. En otras palabras, la realidad de la provisión está a nuestro alrededor. Además, la gente está ganando dinero y haciendo riqueza todos los días. En realidad, hay principios y tecnologías, y cosas que se comercian a diario. Pero si no podemos verlo, no importa. Si no podemos verlo, no vamos a acceder a ello. Necesitamos aprender a ver de verdad porque confirma, afirma y solidifica las cosas espirituales en cosas materiales.

Dios quiere que miremos con los ojos de la fe. La fe cambia nuestras situaciones a algo que podemos manejar. El cómo vemos es vital: si no vemos nada, no habrá nada; si cuando buscamos la provisión de Dios decimos que no vemos nada, eso es lo que obtendremos.

Jesús le dijo a Tomás que los que creen sin ver son bienaventurados (Juan 20:29). Si decimos: «Hasta que no lo vea, no creeré», entonces necesitamos verlo para poder creerlo. No necesitamos verlo en lo físico sino en lo espiritual. Si ver es creer para nosotros, entonces necesitamos orar para ver. Si ver es realmente nuestro problema, entonces debemos pedir a Dios que nos deje ver. Si vemos desde nuestro interior, el ojo de nuestra mente, en el espíritu, en nuestra alma, entonces vamos a creer. Y si creemos, nada es imposible para el que cree.

> Todo lo que Dios puso en ti está destinado a atraer la abundancia.

Hay muchas maneras de ver. Podemos aprender qué tipo de visión tenemos y usar esa forma de ver para discernir nuestra abundancia. Por ejemplo, algunos pueden no tener visión espiritual, pero tienen la visión del sentimiento porque no todos ven cosas espirituales; sin embargo, todos pueden percibir algo cuando está a su alrededor. Asi, estos pueden usar su sentimiento como vista y entrenarse para sentir la abundancia. Porque si pueden sentir la abundancia, probablemente puedan verla. El problema al que nos enfrentamos es que sentimos la pobreza, la carencia, y nos entrenamos para sentirla. Nos contamos historias sobre que todo se ha acabado, que no hay dinero en casa, que no hay nada en el armario, que no hay comida en casa, etc. Si nos hemos entrenado para sentir carencia, escasez y pobreza, podemos entrenarnos para sentir abundancia. Algunos han dicho que el universo se inclina a darnos lo que sentimos porque lo atraemos hacia nosotros.

Todo lo que Dios puso en nosotros está destinado a atraer la abundancia. Aunque lo usemos mal, su origen no es malo. Si se utiliza de forma adecuada y correcta, atraerá lo que necesitamos en la vida. Nuestro sentimiento es magnético. Algunas de las generaciones más antiguas dedicaban tiempo a desarrollar lo que llamaban su «personalidad magnética». Con esta práctica, sentían lo que deseaban. Nosotros podemos hacer lo mismo tomando pasajes de las Escrituras que traten sobre la abundancia y hablando sobre nosotros mismos para que nuestros cuerpos físicos puedan sentirlo. Cuando realmente sentimos algo, todo a nuestro alrededor se ve afectado. Para sentirlo, debemos ponerle voz. Tenemos tantos recursos a nuestra disposición. No somos como los antiguos, que hablaban a las paredes para que el eco les respondiera. Esta es una de las razones por las que se construyeron las catedrales: al elevar la voz, el sonido les devolvía el eco y sus cuerpos vibraban a una frecuencia determinada que les permitía acceder a algo. El eco de las catedrales no es sólo ruido: es vibración. Una vibración que, al rebotar en muros y bóvedas, resonaba también en lo más profundo del cuerpo.

> Dios te llama a abrir tus ojos.

Con nuestra mejor voz —alegre, fiel, auténtica— podemos grabar palabras de abundancia, expansión y plenitud. Podemos escucharlas mientras dormimos, y dejar que trabajen en nosotros desde adentro.

Porque no necesitamos voces ajenas. Tenemos la nuestra.

Sin embargo, es necesario orar para poder ver. En muchos pasajes de las Escrituras, cuando alguien elevó una oración, Dios abrió sus ojos y entonces pudo ver: así ocurrió con Hageo, Saúl, Jacob y Abraham, entre otros. Abraham, por ejemplo, miró hacia atrás, vio el cordero y lo tomó. Miró, vio y actuó. Y, aun así, todavía nos falta algo. Durante generaciones, el pueblo judío fue uno de los más pobres sobre la tierra. No porque carecieran de fe, sino porque Dios los condujo durante cuarenta años mostrándoles la riqueza del cielo—una riqueza cuyas causas un judío puede llegar a comprender. Nosotros también podemos hacerlo. Dios nos trajo del cielo con la capacidad de ver lo invisible, de percibir las cosas celestiales. Tenemos la facultad de contemplar la plenitud de lo que allí habita.

En el Salmo 23:3, David declara: «Me guía por sendas de justicia». A menudo se cita como «Él me guía por el camino de la justicia», pero no se trata de un único sendero. El camino es uno, sí, pero las sendas son muchas. Jesús reveló algunas de estas sendas en las Bienaventuranzas, y también en cada uno de los mandamientos que enseñó en los capítulos 5, 6 y 7 del Evangelio de Mateo. En total, nos mostró treinta y dos formas de vivir, no como simples mandatos que hay que cumplir, sino como puertas hacia la plenitud. Tendemos a separar las Bienaventuranzas del resto de sus enseñanzas en Mateo, influenciados por la división en capítulos y versículos. Pero la enseñanza de Jesús era una sola, íntegra y viva. No estaba fragmentada como en nuestros textos actuales. Cuando la comprendemos en su totalidad, descubrimos que nos habla de cómo habitar la plenitud de Dios y del cielo mismo. Por ejemplo: «Bienaventurados los pobres en espíritu, porque de ellos es el reino de los cielos». Cada parábola, cada palabra, señala el camino hacia una vida de propósito, abundancia y desbordamiento.

En muchas parábolas, se repite un mismo patrón: un hombre ve algo, lo encuentra… y entonces lo ve de verdad. Dios nos llama precisamente a eso: a abrir los ojos. Quiere guiarnos enseñándonos cómo mirar con claridad. En Nigeria, existe un dicho sencillo pero profundo: *Abre los ojos.* Es una invitación a despertar, a percibir lo que realmente está ocurriendo. Nuestros ojos son clave. Estamos llamados a hacerlos brillar: los ojos físicos, los espirituales, los ojos del alma y del cuerpo. Cada uno ve de forma distinta, pero todos pueden ser afinados para percibir la guía del Señor. Solo así, con atención plena y mirada despierta, podremos seguirle en todas las dimensiones de nuestra existencia.

En las Escrituras, la justicia está profundamente vinculada a la prosperidad. Dios nos guía por caminos de justicia, pero es importante reconocer que Su definición de lo que es justo no siempre coincide con la nuestra. Sabemos que aún no vivimos de forma perfectamente justa, y sin embargo, caminar por sendas de rectitud no significa hacerlo todo bien. En Isaías 35:8, Dios promete construir una calzada tan clara y segura que ni siquiera un necio o un lisiado se extraviarán en ella. Esto nos revela que seguir los caminos de la justicia no depende de nuestra perfección. Si así fuera, jamás podríamos avanzar. Debemos dejar de pensar que la rectitud se basa únicamente en el comportamiento impecable. Los caminos de la justicia son, en realidad, caminos de amor, fidelidad y apego a Dios. Es esa relación —más que una conducta sin errores— lo que nos mantiene en la senda correcta.

Proverbioss 8:1-3 dice:

¿Acaso no está llamando la sabiduría?

¿No está elevando su voz la inteligencia?

2 Toma su puesto en las alturas,

a la vera del camino y en las encrucijadas.

3 Junto a las puertas que dan a la ciudad,

a la entrada misma, grita con fuerza:

Al comenzar a leer el texto, descubrimos que Salomón afirma: si escuchas su voz, obtendrás riquezas y abundancia. La riqueza es la corona del hombre sabio.

Cuando Dios entregó los mandamientos a Israel, Moisés declaró: «Esta es vuestra sabiduría». La sabiduría es una persona, tanto hombre como mujer. En las Escrituras, la Sabiduría se representa como mujer: es *ella*, la primera consejera, la que te conoció antes de que tu ADN fuese tejido en la tierra. Y sin embargo, la Sabiduría también es Cristo: «Jesucristo, la sabiduría de Dios» (1 Corintios 1:30). Por eso, la Sabiduría es a la vez hijo y madre. Y quizá por eso, en la cruz, Jesús dijo a Juan: «Mujer, he ahí a tu madre. Mujer, ahí tienes a tu hijo». En esas palabras resuena la voz antigua de la Sabiduría, que siempre habla desde la plenitud, porque siempre está preñada de abundancia. La sabiduría no consiste en ordenar cosas desde la lógica práctica. En los Proverbios, no es constructora de estructuras materiales. La Sabiduría ora ante Dios, se regocija, juega y danza en Su presencia. Su poder no es el de controlar, sino el de fluir con lo divino.

La verdadera sabiduría consiste en disfrutar de lo que Dios hace. Pero no podemos hacerlo si vivimos preocupados por lo que Dios, o nosotros mismos, aún no ha hecho. La sabiduría no es aquello en lo que insistimos que debe ser, especialmente cuando la reducimos a una simple acción práctica. Una vez más: ¡la sabiduría es deleitarse en lo que Dios hace!

Así lo expresa nuevamente Proverbios 8:22-31...

»El Señor me dio la vida[a] como primicia de sus obras,[b]

mucho antes de sus obras de antaño.

23 Fui establecida desde la eternidad,

desde antes de que existiera el mundo.

24 No existían los grandes mares cuando yo nací;

no había entonces manantiales de abundantes aguas.

25 Nací antes de que se cimentaran las montañas,

antes de que fueran formadas las colinas,

26 antes de que Él creara la tierra y sus paisajes

y el polvo primordial con que hizo el mundo.

27 Cuando Dios cimentó la bóveda celeste

y trazó el horizonte sobre el abismo,

allí estaba yo presente.

28 Cuando estableció las nubes en los cielos

y reforzó las fuentes del abismo;

29 cuando señaló los límites del mar,

para que las aguas no desobedecieran su orden;

cuando estableció los cimientos de la tierra,

30 allí estaba yo a su lado, afirmando su obra.

Día tras día me llenaba yo de alegría,

31 me regocijaba en el mundo que Él creó;

¡en el género humano me deleitaba!

> Pídela a Dios que te abra los ojos para ver dónde está tu abundancia.
> Es muy posible que te sorprendas cuando lo que señale sea a ti.

La Sabiduría se regocijaba cuando no había nada, y se regocijaba y bailaba cuando Él creaba algo. Ella estaba allí cuando Él puso un círculo en la nada, y Ella observó y se regocijó con Él. Ella se regocijaba con los hijos de los hombres antes de que estuvieran en la tierra. La verdadera sabiduría disfruta de lo que Dios ha hecho o de lo que Dios está haciendo; la Sabiduría no se queja de lo que Dios no está haciendo.

Uno de los caminos de la justicia es un camino de interconexión entre Dios y nosotros. Este camino nos lleva a la abundancia completa mientras disfrutamos y nos regocijamos en lo que Dios hace. La razón de nuestras continuas carencias, pobreza y limitaciones es que no valoramos lo que se nos ha dado. Estamos constantemente buscando algo, y no nos damos cuenta de que la alegría que aportamos a lo que está presente es lo que hace que la puerta abierta aumente. Por ejemplo, si alguien da a los niños un céntimo o un dólar, se alegran mucho. Pero si alguien le da a su amigo un dólar, se olvidan de que tienen un dólar y empiezan a luchar por el dólar de su amigo.

Cuando pensamos que no somos suficientes, tendemos a comportarnos como niños. La idea de que somos la clave de nuestro propio avance, prosperidad y abundancia es sólidamente bíblica.

Debemos pedir a Dios que nos conceda ojos para ver dónde se encuentra nuestra abundancia, y Él nos la mostrará. Es necesario aprender a reconocer lo que llevamos dentro. Debemos alcanzar sabiduría—no como quien aprende a fabricar algo, sino como lo hizo la Sabiduría en presencia del Amor: alegrándonos por lo que tenemos y hablando bien de ello. Si actuamos así, lo que poseemos liberará su fragancia ante nosotros. No necesitamos tener el mundo entero; basta con una sola semilla que nos inspire a cantar, a alegrarnos, incluso en medio del caos.

En esta temporada, Dios me habló con claridad: «Quiero exponer a mi pueblo a un corazón de abundancia». No me dijo que nos daría dinero. Me dijo: «Voy a exponerlos a un corazón de abundancia». Hay suficiencia en el mundo; la creación no se agotará. Hay suficiente para todos. Dios no nos creó para que, al nacer, se agotara la abundancia. Más allá de cualquier circunstancia, llevamos dentro la misma plenitud. Nuestras luchas y desafíos actuales tienen un propósito: sacudirnos, movernos, empujarnos hacia el siguiente nivel de abundancia. Debemos enfocar la mente en la abundancia. Debemos permitir que nuestros sentimientos se abran a ella. Debemos celebrar lo que ya está en nuestras manos. No podemos permitirnos la pereza. La persona perezosa no puede alabar ni adorar a Dios por lo que tiene, porque eso requiere toda su fuerza, todo su poder interior. Hace falta verdadera fortaleza para no quejarse cuando todo dentro de uno clama por hacerlo; para alegrarse aun cuando nada parece ir bien. La persona que adora y celebra a Dios por lo que tiene... esa, en verdad, es una persona fuerte.

Aunque camino por el valle de la sombra de la muerte,

no temo ningún mal. Porque tú estás conmigo;

Tu vara y Tu cayado. Ellos me consuelan. (NASB)

...¿Cómo seguimos operando como creyentes bajo este principio de abundancia en el contexto de la sombra de muerte?

Cuando David escribió: «Camino por el valle de la sombra de la muerte», citó a Job. Job utilizó la frase «sombra de muerte» negativamente, al menos cinco veces para significar «la sombra de mi vida está desapareciendo». Desde la perspectiva de Job, una sombra es fugaz, temporal y cambiante; no es constante. Es oscura y evasiva (en mi tradición nativa, hablamos del árbol de la vida y hablamos de los árboles de sombra). Las sombras o «shade», en la tradición inglesa, son como demonios. Hay una sombra que nos impide fluir o incluso mata el flujo de la riqueza divina, la prosperidad divina, el desbordamiento divino y la abundancia en nuestras vidas. Cuando estamos en posición en consonancia con el flujo de la prosperidad, la naturaleza primordial del pastor, el flujo del corazón del pastor y todo lo que viene con él, para recibir lo que sale del descanso, los acontecimientos cambiantes, como las sombras, llegan a nuestras vidas. Están destinados a crear actitudes, ideas o respuestas que obstaculizan nuestra capacidad de recibir lo que fluye de nuestro pastor en nuestras vidas. Cuando David escribió: «Aunque camine por el valle de la sombra de la muerte, no temeré mal alguno», quería decir que en realidad no es necesario que estemos en la sombra de la muerte porque Dios ya nos ha dicho cuál es nuestra posición.

Leamos estos versículos de nuevo:

El Señor es mi pastor, nada me falta.

En verdes praderas me hace descansar; junto a aguas tranquilas me conduce.

Él restaura mi alma;

Me guía por sendas de justicia Por amor de su nombre.

Él ya nos ha dicho cuál es nuestra posición. No tenemos que permanecer en el valle de sombra de muerte.

En Efesios 1:3, dice,

Bendito sea el Dios y Padre de nuestro Señor Jesucristo, que nos ha bendecido con toda bendición espiritual en los lugares celestiales en Cristo.

Este mundo no es un mundo de sombras. Las sombras se mueven según la posición de la luz. Si hay una sombra, hay que preguntarse qué tipo de sombra es y dónde está colocada la luz para proyectar la sombra.

Hay una sombra de muerte y una sombra de vida. Existe la sombra del ala de Dios. El tipo de sombra depende del tipo de luz de la que procede. La sombra de muerte es el resultado de una luz falsa que se arroja sobre nuestras vidas para alejar nuestros ojos y mentes de donde estamos sentados, como se revela en los primeros tres versículos del Salmo 23. Cuando estamos en el valle de sombra de muerte, tenemos que darnos cuenta de que la sombra es proyectada por una luz falsa.

Dios posee todo lo que necesitamos, y no nos niega nada. Él desea obrar en nuestras vidas. Quiere que prosperemos. Aunque sabemos que esto es verdad, cuando enfrentamos ciertas circunstancias, comenzamos a creer en realidades transitorias: en lo que otros nos dicen, en lo que el mundo afirma, e incluso en lo que nos repetimos a nosotros mismos. Y así, poco a poco, empezamos a depender de predicciones económicas y de todas esas posibilidades negativas que podrían ocurrir en el mundo. Si empezamos a depender de algo que no sea lo que está establecido en el reino espiritual, creamos

> Si empiezas a depender de algo diferente a lo que está establecido en la dimensión del espíritu, creas una sombra falsa sobre tu vida.

una sombra falsa sobre nosotros mismos, que mata. Primero mata nuestra concentración y pone nuestro enfoque en lo que ya sabemos creando duda. Y la duda es una sombra de muerte. Por el contrario, la fe es una sombra de luz. La fe proclama: «aunque camine por el valle de la sombra de la muerte, no temeré el mal».

Una forma de superar las sombras falsas y de cambiar las sombras es seguir moviéndose. Nunca debemos permitirnos quedarnos estancados en lo que nos sucede porque esto nos matará y nos destruirá. Seguir caminando y mantenerse en movimiento es una manera de lidiar con la sombra de la muerte.

La duda y el miedo van de la mano. Ambos nos mantienen atrapados en el valle de sombra de muerte. Cuando David dijo: «Aunque ande en valle de sombra de muerte», también señaló lo que son esas sombras: La duda es una sombra; el miedo es una sombra; la falta de visión —es decir, la ceguera espiritual— también es una sombra. Cuando carecemos de visión, estamos ciegos, y esa ceguera nos sitúa bajo la sombra de la muerte. «Donde no hay visión, el pueblo perece» (Proverbios 29:18, RVR).

> Quedar atrapado en el valle de la sombra de muerte produce la sombra de la culpa.

La falta de visión nos lanzará a un abismo en espiral. Cuando estamos atascados en el valle de sombra de muerte en el que dudamos, tenemos miedo y carecemos de visión, nuestra tendencia debería ser averiguar quién o qué es lo que nos impide movernos.

Mientras permanezcamos atrapados en el valle de sombra de muerte, no se nos permite ver quiénes somos, ni en lo positivo ni en lo negativo. Cuando alguien habla mal de sí mismo, en realidad está buscando a quién culpar. Alguno se preguntará: «¿Por qué hago esto?» o «¿Por qué estoy en esta situación?». Lo primero que hará será culpar al diablo, que carga con toda la culpa. Puede incluso llegar a culpar a Dios. Pero es poco probable que se culpe a sí mismo. Estar atrapado en el valle de sombra de muerte genera, precisamente, la sombra de la culpa.

Cuando caminamos por el valle de sombra de muerte, no tenemos por qué temer mal alguno, «porque Tú estás conmigo; tu vara y tu cayado me infunden aliento» (Salmo 23:4). En hebreo, la palabra «Tú» es Atta (אַתָּה), una referencia directa al nombre de Dios.

Tú [eres] > ʼat·tāh > הָתָא

En el inglés antiguo, ʼat·tāh se traduce como Thou, una forma usada para dirigirse a la realeza o con gran reverencia. Hoy en día, cuando decimos «Tú» o «usted», utilizamos una forma común que puede aplicarse a cualquier persona. Sin embargo, en este caso específico, el «Tú» lleva consigo un significado profundo de realeza y respeto. Es una manera íntima y solemne de dirigirse a Dios, reconociendo Su majestad y cercanía al mismo tiempo.

David dijo que la razón por la cual podemos enfrentar las sombras es que Atta está con nosotros — Alef, Tav, Heh (אתה). Si quitamos la Heh, nos quedan Alef y Tav, que corresponden a Alfa y Omega. La Alef es la primera letra de Atta; es la que abre un sistema que, de otro modo, estaría cerrado. En otras palabras, no tenemos por qué temer en el valle de sombra de muerte, porque estamos dentro de un sistema que siempre está abierto a la posibilidad. Porque Atta está con nosotros, la posibilidad está con nosotros. También hay otro tipo de sombra. En el salmo 91, podemos leer:

El que habita al abrigo del Altísimo

Morará bajo la sombra del Omnipotente. (Salmo 91:1, RVR)

Veamos de nuevo el hebreo para «No temeré mal alguno», que se pronuncia «Lo ira ra»

rā'	ʼî·rā	lō-
רָא	יְרָא	לֹא
mal	temeré	no

«Yirá» es una combinación de Yod, Resh y Álef. La palabra para «mal» en hebreo es Ra (רַע), formada por Resh y Álef. Cuando se añade la Yod al comienzo —la letra que representa la mano de Dios— se transforma el significado: ya no es simplemente «mal», sino «yirá», que implica «estar por encima del mal» o «no temerlo». En otras palabras, la Yod señala la intervención divina: la mano de Dios colocada sobre el mal. Por eso, en el valle de sombra de muerte, no tememos al mal, porque Atta está con nosotros. Caminamos con posibilidades abiertas ante nosotros; podemos seguir avanzando. Jamás quedaremos atrapados en la sombra de la muerte porque sabemos quién está con nosotros. Atta está conmigo, y Su vara y Su cayado me infunden aliento.

La vara y el cayado son, en realidad, dos columnas en la Casa de Dios que Él utiliza para consolarnos: la misericordia y la fortaleza. Su misericordia y Su fortaleza son la razón de nuestro consuelo.

yenachamuni	heimmah
יְנַחֲמֻנִי	הֵמָּה
consolarme	ellos

Podemos recordar que Atta está con nosotros, abriendo posibilidades, mientras que la misericordia está a nuestra mano derecha y la fortaleza a nuestra izquierda. La fortaleza y la misericordia no están allí simplemente para ofrecernos consuelo futuro, como si su función fuera consolarnos más adelante; más bien, crean una posición de descanso para nosotros aquí y ahora. Nuestro objetivo es colocarnos en esa posición de reposo, para recibir lo que el Padre ya declaró al comienzo del Salmo 23. Cuando estamos en medio del contexto de la sombra de muerte, debemos encontrar descanso, porque esas sombras vienen precisamente para apartarnos de ese reposo, haciendo imposible recibir lo que verdaderamente nos pertenece. Por causa de la agitación, perdemos nuestro momento.

En el mundo actual, hombres codiciosos y poderosos intentan edificar un sistema sostenido por el miedo. Por ello, es fundamental que aprendamos a permanecer en una posición de descanso. Más allá de nuestras diferencias, todos caminamos por el valle de sombra de muerte. Aunque muchas cosas están surgiendo en el mundo, el creyente no puede dejar que esas circunstancias nublen su entendimiento: Atta está siempre presente. La misericordia y la fortaleza nos acompañan constantemente para brindarnos consuelo y reposo. Debemos aprender a habitar ese reposo, porque es en esa postura interior donde el creyente puede recibir aún en medio de la agitación, prosperar en pleno valle de sombra de muerte, y dar vida incluso donde todo parece anunciar lo contrario.

Aunque estas sombras se proyectan para apartar nuestra atención del descanso, no son permanentes. Las sombras son temporales, especialmente la sombra de la muerte. La única sombra que permanece para siempre es la que está bajo las alas de Dios: la sombra de El Shaddai, el nombre que revela provisión. Si estamos bajo la sombra de El Shaddai, en realidad estamos viviendo bajo una luz perfecta. La sombra del Padre es una sombra de luz—no de oscuridad, duda o destrucción.

El Salmo 121:5 dice:

El Señor es tu guardador;

El Señor es tu sombra a tu mano derecha.

En este pasaje, David no se refería a la misma sombra que menciona en el Salmo 23, porque Dios es luz, y en Su sombra no hay oscuridad. Imagina que la luz incide sobre alguien y su sombra, en lugar de bloquear la luz, se convierte en una luz resplandeciente. Eso es lo que David estaba revelando acerca de la sombra del Padre. Bajo las alas de Dios, Él transfiere Su luz a nuestras circunstancias. Es una segunda sombra, por así decirlo, que entra en nuestro contexto cuando atravesamos el valle de sombra de muerte. En otras palabras, siempre hay una sombra de luz presente. Aunque suene contradictorio—una sombra que es luz—se trata de una luz que se manifiesta de forma clara y translúcida, una expresión divina que irrumpe en medio de nuestra oscuridad.

No temeré mal alguno, porque tú estás conmigo;

tu vara y tu cayado me infunden aliento.

El ánimo y el reposo son la base de los milagros.

«¡Consuelen, consuelen a mi pueblo!», dice su Dios.

«Hablen al corazón de Jerusalén y díganle a voces

que su lucha ha terminado, que su iniquidad ha sido perdonada...»

(Isaías 40:1-2a, RVR)

En este pasaje de la Escritura, cuando Dios habla de consuelo, afirma que, sin importar lo que alguien esté atravesando, las pruebas ya han quedado atrás y el dolor del pasado ya ha sido sanado. Dios le dice a Jerusalén: «Tu guerra ha terminado». Cuando el Señor nos habla de consuelo en medio del sufrimiento, no está anunciando algo que vendrá, sino declarando que el sufrimiento ha concluido. Su consuelo no es solo promesa, es proclamación: el conflicto ha cesado, y la restauración ya ha comenzado.

Cuando una palabra de consuelo llega a nosotros, debemos recibirla con la certeza de que ya hemos sido liberados de la situación en la que nos encontramos; de lo contrario, Dios no nos hablaría con palabras de consuelo. El consuelo es un heraldo de buenas noticias, una señal de que la redención ya está en marcha.

Isaías 40:9 dice:

¡Oh Sion,

tú que llevas buenas nuevas, súbete a lo alto del monte!

¡Oh Jerusalén,

tú que llevas buenas nuevas, alza fuertemente tu voz!

¡Álzala, no temas!

Di a las ciudades de Judá:

«¡Aquí está vuestro Dios!»

(Isaías 40:9, RVR)

Cuando llega la palabra de consuelo, y cuando Jesús dijo: «ellos serán consolados», eso significa que siempre hay un fluir de buenas noticias y un fluir de posibilidades abiertas, incluso en medio de aquello que estamos atravesando. No se trata de que no vayamos a encontrarnos en sombras de oscuridad; sin embargo, si nos hallamos en una de ellas, no tenemos por qué permanecer allí. Muchas de las sombras por las que caminamos, en realidad, son sombras en las que entramos por decisión propia. Si estamos en el contexto del valle de sombra de muerte, debemos entender que, porque Atta está con nosotros, también están presentes la misericordia, la fortaleza y el consuelo. Consuelo significa que hay buenas noticias en medio del sufrimiento—que Dios ya ha tomado la decisión de que nuestro futuro se manifieste incluso en el contexto de esa sombra. Dios no nos deja en la sombra. Nos consuela para sacarnos del valle de sombra de muerte y llevarnos a la sombra de Sus alas, al valle de la sombra del Omnipotente. Nos está diciendo: levántate, avanza... y vuelve a casa.

> Estoy aprendiendo que Dios no espera a que la situación termine para consolarte

Dios no espera a que la situación termine para consolarnos. Esto se ve claramente en la forma en que Dios trató con Job: lo visitó mientras aún estaba en medio del sufrimiento. Cuando Dios se acercó a Job, su dolor no cesó de inmediato; sin embargo, Dios ya estaba allí, observándolo, acompañándolo. De hecho, Dios ya lo estaba consolando a través de Elihú (Job 32–38), quien habló antes de que Dios mismo interviniera con Su voz. Dios, Atta, estaba presente en el contexto mismo del sufrimiento de Job.

La presencia divina no llegó al final, sino que ya habitaba en medio del proceso.

«Atta» (אַתָּה) se compone de *Álef, Tav y Heh* en hebreo. Álef representa el principio de la creación que Dios estableció para sí mismo, con el fin de tener un as bajo la manga para sacar al mundo de cualquier condición en la que se encuentre. En *Atta*, esto significa que no solo está presente el Álef del principio antes de la creación, sino también el Álef del mundo futuro.

Independientemente de lo que estemos viviendo, no existe valle de sombra donde *Atta* no esté presente. Siempre hay una posibilidad abierta en nuestras circunstancias, porque nosotros mismos somos esa posibilidad abierta. Nunca podremos estar tan encerrados como para no poder salir. Somos hijos e hijas de Dios, y *Atta* está con nosotros. Si no podemos atrapar el viento, ni sujetar el cielo con una cuerda, ni encerrar a Dios como si fuera nuestro prisionero, entonces es imposible que nosotros mismos quedemos cautivos de tal forma que no podamos salir. Nuestro sufrimiento puede durar un tiempo, pero nuestro Dios no nos fallará. Esto no es el fin de nuestra vida; no puede serlo. Siempre hay una salida, y siempre hay consuelo para nosotros. El consuelo de Dios significa que nuestro futuro ya ha llegado a nuestro presente. Amén.

אַתָּה

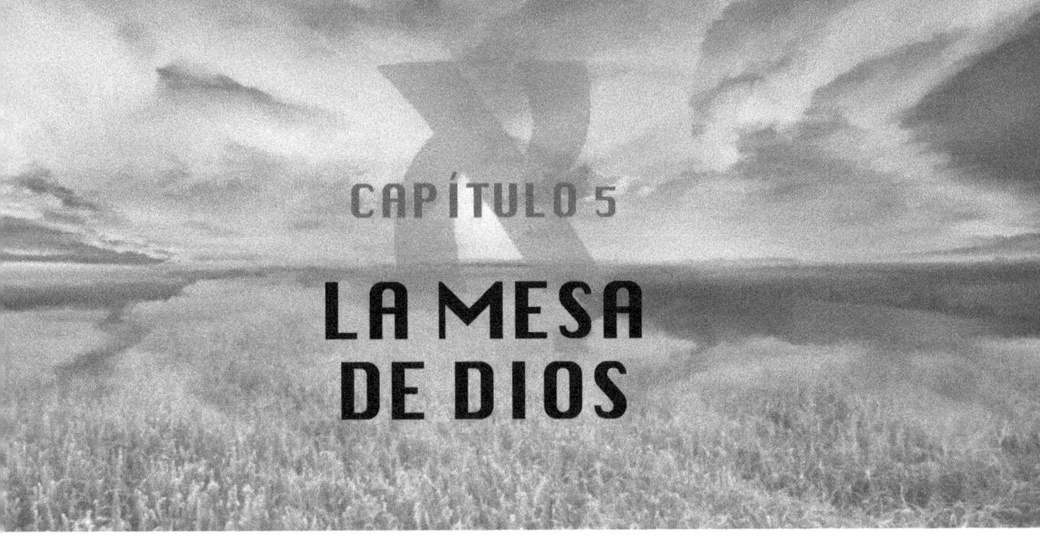

CAPÍTULO 5

LA MESA DE DIOS

> La provisión sobrenatural y el desbordante fluir de la providencia de Dios hacia sus hijos no es un mensaje del llamado evangelio de la prosperidad; sin embargo, sí es un mensaje que incluye la idea de tener riqueza.

Se trata de una expresión del corazón del Padre, no como recompensa materialista, sino como manifestación de su cuidado, fidelidad y abundancia para con sus hijos.

La dificultad para apropiarse de la riqueza está directamente relacionada con la medida y el grado en que operamos desde un lugar de escasez en todas las áreas. Es precisamente esa mentalidad de carencia la que activa la comparación con los demás. Es desde la escasez que pensamos que nos están quitando algo. Y cuando operamos desde la percepción de que algo nos está siendo arrebatado, nos detenemos y nos volvemos incapaces de cosechar la plenitud de lo que ya está presente. Debemos aprender a creer que ser bendecidos significa vivir en la plenitud de quien Dios es. Dios no es bendito porque nosotros le demos bendiciones; Dios es bendito porque la bendición es parte intrínseca de Su naturaleza.

Cuando bendecimos a Dios y hablamos bien de Él, activamos Su plenitud, y esta se libera para fluir a través de nosotros. No añadimos nada a Dios, ni le quitamos nada. Debemos llegar a estar tan llenos—y a comprender tan profundamente nuestra propia plenitud—que no sintamos que algo nos está siendo arrebatado cuando alguien entra en nuestra presencia. Este es un principio cristiano fundamental, pero difícil de aprender, porque desde pequeños se nos enseña que las personas que llegan a nuestra vida vienen a quitarnos algo. Sin embargo, por más revestido que esté ese pensamiento—sea en términos religiosos o espirituales—no es una actitud cristiana. No se nos puede quitar nada. Es imperativo que transformemos esta forma de pensar, porque conduce a consecuencias graves tanto en la sociedad como en nuestra vida personal. Cuando operamos desde esta perspectiva errónea, en realidad estamos negando la plenitud continua y desbordante de Dios, a la cual estamos conectados. Como sociedad, hemos sido condicionados a creer que el universo se fundamenta en la escasez como base, no en la plenitud. Por eso mordemos, golpeamos, herimos y luchamos entre nosotros porque creemos que nos están quitando algo. Pero en verdad, Dios, quien creó el universo, no sufre escasez; y, por lo tanto, el universo está fundado sobre la plenitud, la purificación y una capacidad intrínseca de reproducirse, restaurarse, rectificarse, reunificarse y sanarse. Esta es una perspectiva completamente distinta a la que nos han enseñado.

> Debemos entender que el Dios que creó el universo no sufre escasez.

Nuestra perspectiva de escasez influye profundamente en cómo nos movemos en muchas áreas de nuestra vida. Por ejemplo, si abordamos las relaciones desde una mentalidad de carencia, nunca podrá haber verdadera confianza, porque siempre estaremos esperando que la otra persona solo quiera quitarnos algo. Acabaremos intentando sacar provecho o «estar por encima» en la relación, extrayendo recursos de la plenitud del otro a pesar de sus debilidades. Operar desde la escasez también corrompe nuestros propios motivos e intenciones. Hace que actuemos no desde el amor o la generosidad, sino desde el miedo a perder, y ese miedo distorsiona todo lo que damos y todo lo que esperamos recibir.

Cuando David declaró: «Aderezas mesa delante de mí», estaba revelando lo que Dios está proveyendo para nosotros, el protocolo de la mesa divina y cómo debemos prepararnos para acercarnos a ella. En 1563, Yosef Karo, uno de los grandes rabinos de la historia, escribió el *Shulján Aruj*, que significa «la preparación de la mesa». En esta obra monumental de cinco volúmenes sobre la ley judía, Karo abordó temas como la forma de prepararse para guardar la ley y cómo disponerse para predicar. La práctica de la preparación es una de las cosas que diferencia al pueblo judío. Los judíos dedican mucho tiempo a prepararse para el culto. A ojos de algunos, puede parecer una práctica ostentosa, que con facilidad se tacha de «religiosa»;

sin embargo, aquello que muchos desestiman o descartan como religiosidad, los judíos lo reconocen como preparación. Debemos tener cuidado con cómo usamos la palabra «religioso». Cada vez que alguien se prepara para hacer algo para Dios, practica una disciplina espiritual o se dispone para presentarse ante Él, muchos cristianos lo califican rápidamente como «religioso». Muchos cristianos, por ejemplo, si se les invita a orar cinco veces al día, no lo harán porque lo ven como una actividad superficial, sin sentido, meramente «religiosa». Irónicamente, si invitaran a un rey a su mesa, se prepararían con esmero y diligencia, pero no tildarían la preparación de «religiosa». Este es el tipo de pensamiento que hemos adoptado y al etiquetar o descartar todo como «religioso», nos hemos dado permiso para no comprometernos verdaderamente con Dios en Su plenitud. En lugar de acercarnos con reverencia y preparación, nos escudamos en el rechazo de la «religiosidad» para evitar la profundidad del encuentro. Y en ese intento por alejarnos de las formas externas, hemos terminado alejándonos también de lo que realmente es importante: la presencia viva de Dios.

> Cuando operamos desde la escasez y desde la perspectiva de que un enemigo siempre debe seguir siendo un enemigo, queremos comer solos y asegurarnos de que nuestros enemigos no tengan nada que comer.

Cuando operamos desde la escasez y desde la perspectiva de que un enemigo siempre debe seguir siendo un enemigo, queremos comer solos y asegurarnos de que nuestros enemigos no tengan nada que comer.

Y justamente estas son las cosas que activan la plenitud de Dios en nuestras vidas. Quizá todo nuestro lenguaje sobre lo «religioso» no proviene de Dios, sino del enemigo, porque impide que los creyentes hagan lo que necesitan hacer para acceder a la plenitud de quienes realmente son. Nos convertimos en nuestros peores enemigos al condenar aquello que, en realidad, fortalece y potencia nuestro crecimiento espiritual—eso mismo que llamamos espiritualidad. Rechazamos las prácticas que nos forman, nos vaciamos de las disciplinas que nos llenan, y desechamos lo que, en verdad, nos posiciona para recibir.

La expresión *ta'aroch shulchan* significa «Tú preparas mesa». Esta mesa se prepara ante nosotros, en nuestra presencia; sin embargo, en ninguna parte de la Escritura se dice que la mesa sea *para nosotros*. Muchos interpretan el Salmo 23:5 como si Dios preparara una mesa *para nosotros*, frente a nuestros enemigos, para que nos observen mientras comemos. Pero en realidad, la mesa es preparada *delante de nosotros*, *en presencia* de nuestros enemigos, lo cual podría implicar que ellos también están invitados a participar y ser transformados. Esto sugiere que la mesa de Dios es un lugar de transmutación divina, un principio espiritual donde todos están invitados a participar y, al hacerlo, experimentar transformación. Jesús enseñó a sus discípulos a cambiar su perspectiva sobre los enemigos. Les dijo que los amaran y oraran por ellos cuando los maldijeran (Mateo 5:44). Pablo, citando Proverbios, escribió en Romanos 12:20 que si nuestro enemigo tiene hambre, debemos alimentarlo. Cuando operamos desde una mentalidad de escasez, nuestra percepción se distorsiona: creemos que nuestro enemigo debe seguir siéndolo siempre. Desde esa escasez, deseamos comer solos y asegurarnos de que nuestros enemigos no tengan nada que comer. Queremos excluir a quienes consideramos más malvados que nosotros, como si no merecieran sentarse a la mesa de Dios. Pero esta postura no nos hace justos. *Ta'aroch shulchan* es una idea clave: habla de preparación—una preparación deliberada que transforma. El acto de preparar, tanto a nivel personal como espiritual, es transmutador porque refleja la naturaleza intencional y amorosa de Dios.

> Dios no me bendice para que mis enemigos rabien de envidia.

Cuando Dios prepara esta mesa, lo hace con intención. No lanza la comida de manera descuidada sobre la mesa frente a alguien. El Dios que adereza la mesa delante de nosotros es el mismo Dios que provee para el mundo entero, incluso para nuestros enemigos.

Si Dios prepara su mesa desde la plenitud de su propio ser, la prepara para que todos los que nos rodean puedan beneficiarse de ella.

Quizá nuestra perspectiva de la vida está tan condicionada por la sociedad y por nuestra propia ideología que no solemos tener la capacidad de alejarnos y observar estas cuestiones con objetividad. Pensamos que nuestros enemigos deben sufrir siempre. La verdad es que nuestros enemigos están invitados a sentarse a la mesa y a ser transformados. Esta es la gracia de Dios, porque cuando aún éramos enemigos de Dios, fuimos reconciliados con Él mediante la muerte de Cristo (Romanos 5:10). Si la interpretación del Salmo 23:5 es que Dios prepara alimento para

> Todo lo que Él está haciendo por ti, lo está haciendo por la salvación del mundo para cambiarnos a todos.

que nosotros comamos y nuestros enemigos sufran, el mensaje no es consistente con lo que Dios hizo por nosotros cuando nos invitó a participar en su mesa aún siendo enemigos suyos. Dios preparó una mesa delante de Israel para que nosotros, incluso como enemigos, pudiéramos participar y ser restaurados. Sin embargo, es aquí donde nuestra ideología se tuerce. Aunque proclamamos la plenitud del Espíritu Santo y la plenitud de la santificación, no incorporamos en nuestra doctrina que esa plenitud debe desbordarse también hacia nuestros enemigos.

Esto significa que cuando estamos comiendo en la presencia de Dios, nuestros enemigos también están en la presencia de Dios con nosotros. Los llevamos con nosotros. Comer con Dios debe incluir a nuestros enemigos, porque es a través de nuestra comunión con Dios que nuestros enemigos pueden ser transformados. Si los dejamos fuera, no existe ningún lugar donde puedan experimentar esa transformación. No podemos cambiar el mundo si rechazamos a nuestros enemigos y comemos en soledad. Este es uno de los retos del cristianismo, del crecimiento de la iglesia y de la vida en comunidad: la inclusión de nuestros enemigos. Tal vez deseamos un tipo de cristianismo en el que nuestros enemigos estén lejos; sin embargo, nuestro deber es crear un mundo en el que ya no existan enemigos. Algo que podemos conseguir si llevamos a nuestros enemigos a participar en la

comunión, en vez de mantenernos lejos. El amor es una llave transmutadora. Jesús afirmó que el amor puede cambiar a cualquiera. De hecho, la preparación de la mesa en presencia de mi enemigo es una llave de transformación que ejemplifica la naturaleza intrínseca de Dios y muestra cómo podemos ser como Él.

Todo lo que Él hace por ti, lo hace para la salvación del mundo, para encaminarnos a todos hacia la transformación.

Debemos invitar a nuestros enemigos a participar en la mesa, incluso a nuestros enemigos internos. Aunque nuestra ideología nos lleva a mantener a los enemigos lejos, seguimos comiendo en presencia de ellos, de nuestros enemigos internos. Nuestros enemigos internos están con nosotros mientras comemos. No esperamos a que desaparezcan para sentarnos a la mesa. Dios nos enseña mucho sobre cómo trata con nosotros cuando David dijo: «Tú preparas mesa delante de mí». La palabra traducida como «delante de mí» es el término hebreo *lefenay* (לְפָנַי); este término significa literalmente «frente a mí» o «en mi rostro». Aunque normalmente se traduce como «delante de mí», debería traducirse como «hacia mi rostro». En consecuencia, la participación en la mesa es un encuentro cara a cara con el enemigo. ¿Es posible transformar a un enemigo si no estamos dispuestos a hablar con él cara a cara? Hasta que no los tengamos cara a cara directamente, no podremos transformarlos.

Debemos recordar que la mesa de Dios no es una mesa personal ni privada, sino una mesa pública, porque nuestros enemigos también están alrededor de ella. La mesa de Dios es transformadora y transmutadora. Dios la prepara. Es su mesa, no la nuestra. A través de la naturaleza transmutadora de su amor, Él nos concede el privilegio de participar en ella.

Dios prepara su mesa justo delante de nosotros, en nuestras propias narices, para que podamos participar en su banquete. Cuando nuestros enemigos son testigos de ello, ellos mismos también serán transformados. Dios no nos bendice para que nuestros enemigos rabien de envidia. Nos bendice para que nuestros enemigos puedan ver lo bueno que Él es y se vuelvan a Él en arrepentimiento. Dios actúa desde la plenitud, no desde la carencia. Todo lo que hace por nosotros lo hace para la salvación del mundo, para guiarnos a todos hacia la transformación.

CAPÍTULO 6

CABEZA, MANOS Y PIES

Al final de este capítulo veremos que el Salmo 23 trata realmente de una vida desbordante y plenamente abundante.

Consideraremos ambos conceptos juntos. Nosotros, creyentes llenos del Espíritu con todas nuestras perspectivas proféticas, evangelísticas y carismáticas, tenemos mucho que decir sobre la unción. Aquí, la palabra utilizada para "ungir" es el término hebreo *deshanta*, que significa hacer engordar, hacer que algo se expanda o hacer que quede completamente purificado. Comparte la misma raíz que *Mashiach*, que significa el ungido o mesías. Sin embargo, la estructura de *deshanta* es diferente de la de *Mashiach*. Parece que David empleó esta palabra de manera muy deliberada.

Cuando a alguien se le llama el ungido, significa que se le ha conferido una carga o se le ha revestido de algo que le va a permitir sobrellevar aquello que vaya a ocurrir. En otras palabras, al ungido se le entrega una semilla que da lugar a un propósito. Sin embargo, cuando David dijo: «Unges mi cabeza con aceite», es la cabeza la que se unge porque se frota literalmente el aceite sobre ella. En el *Likkutei Amarim*, un libro de mística judía, se afirma que en el cerebro humano hay un alma y que esta alma contiene el *Chabad*, entendido como sabiduría, entendimiento y conocimiento. Cuando David desarrolló esta revelación sobre caminar en abundancia, señaló que la cabeza, o *rosh* (ראשׁ), es fundamental para la apertura de la abundancia. La manera en que funciona nuestra mente determina si prosperamos o no. Si se da riqueza a un necio, la desperdiciará (Proverbios 21:20). Salomón se quejó de esto, ya que él estaba realizando todo el trabajo para prosperar su reino y no tenía la certeza de si la persona a la que se lo dejaría sería alguien necio o alguien sabio.

Deshanta significa engordar y crecer, por lo que David puso el énfasis en la unción de la cabeza. Además, la unción de los reyes se realiza siempre sobre la cabeza. Además de a los reyes y sacerdotes, Dios instruyó a los judíos a ungir también objetos ordinarios, como varas, el tabernáculo, los altares, las vestiduras de Aarón e incluso los utensilios del tabernáculo y también les mandó untarlos con aceite. En ocasiones, esa palabra puede emplearse para referirse a la retirada de las cenizas que han quedado tras el fuego encendido sobre un altar.

> La idea de la unción es algo profundamente poderoso. La unción prepara a la persona o al objeto para recibir la gloria y la intención de Dios, en cuya presencia esa persona se presenta o en cuya presencia ese objeto se utiliza.

Lo que David destaca respecto a la unción es profundamente significativo. La unción prepara a una persona u objeto para recibir la gloria y la intención de Dios. Es en la presencia de Dios donde una persona permanece y en cuya presencia un objeto se utiliza. Sin la unción, no puede recibir la gloria ni el propósito de Aquel ante quien debe manifestarse. Por tanto, la unción se concede, ante todo, para convertir a la persona en un lugar, o para hacerla apta y dispuesta para la entrada de la gloria, porque la unción sin la gloria no es más que aceite, lo único que hace es dejar la superficie pringosa.

La unción siempre está orientada al propósito de Dios. David afirmó que la unción, tal como aparece en este pasaje de las Escrituras, se aplica únicamente sobre la cabeza porque el proceso intelectual es importante para Dios en la formación de una persona próspera. Es algo que va más allá de orar y pedir un milagro. La manera en que empleamos nuestra mente determina si prosperamos o no.

La iglesia pentecostal, en términos generales, no ha enseñado a las personas a usar la cabeza para generar prosperidad. Les ha enseñado a usar las rodillas, es decir, a orar. Sin embargo, el uso de la mente es fundamental. La cabeza contiene tres elementos: el hemisferio izquierdo, el hemisferio derecho y el alma, entendida como sabiduría, entendimiento y conocimiento. Si la cabeza es la que recibe la unción, entonces el cerebro actúa como canal para la entrada de realidades del ámbito sobrenatural al ámbito físico. Nos engañamos si creemos que podremos transformar a las personas de la iglesia sin esperar de ellas que piensen y si les hablamos siempre en el nivel más bajo posible. Esto no da fruto, no es conveniente y es una pérdida de tiempo. Incluso cuando alguien afirma que lo que se le comunica está por encima de su comprensión, debemos animarlo a elevarse. No debemos seguir hablando a los demás como si fueran incapaces, necios o ignorantes cuando lo que hay en ellos es mayor de lo que cualquier enseñanza puede abarcar. Cuando David destacó la importancia de ungir la cabeza, estaba resaltando la necesidad de involucrar nuestro intelecto en este proceso de vivir desde la abundancia.

No podemos ser personas santas sin utilizar nuestro intelecto, porque la santidad implica tomar decisiones para hacer el bien conforme a la dirección de Dios. La práctica judía del *mitzvá* consiste en una obediencia intencional a la ley y en la elección consciente de realizar actos de bondad. La santidad debe ser tanto experiencial como cerebral, por lo que nuestro pensamiento debe participar. Cuando llegamos a la iglesia, también debemos poner en marcha nuestra mente y nuestro razonamiento.

> La revelación es una combinación de sabiduría, entendimiento y conocimiento.

Esto no convierte nuestra comunión espiritual en discusiones ni debates, porque ese tipo de dinámica resulta contraproducente. Debemos permitir que nuestra mente funcione también. En la intención de nuestro corazón, el alma y el cerebro trabajan juntos, y esa cooperación se hace efectiva a través de nuestras manos. En otras palabras, la intención de nuestro corazón no se cumple hasta que involucramos nuestra alma. Dios unge nuestra cabeza porque es el punto magnético por el cual el ámbito sobrenatural entra en nuestro ser.

En la iglesia hablamos mucho del corazón, mientras que hablamos muy poco de la cabeza. Como consecuencia, nos hemos vuelto muy sentimentales en el ámbito eclesial. Algunos creyentes incluso pueden sentirse ofendidos cuando se intenta que se involucren intelectualmente. Cuesta ponerles retos. Cuando este tipo de cristianos interactúan en el mundo, donde existen estructuras, patrones y evaluación de rendimiento, no desean formar parte de esas dinámicas. A menudo buscan atajos y evitan enfrentarse a áreas que les son poco familiares. Les resulta complicado tener que pensar y resolver las cosas.

Además, nuestra falta de atención a los aspectos relacionados con la mente en nuestras iglesias quizá ha generado una dependencia excesiva de los milagros. Ahora bien, esto no significa que un proceso puramente racionalista resuelva algo por sí solo. La razón de la unción es combinar nuestro proceso intelectual con la sabiduría, el entendimiento y el conocimiento que Dios nos ha otorgado.

El proceso de recopilar información y después analizar los datos debe combinarse con la revelación divina. La ecuación es información más revelación, y no podemos eliminar ninguna de las dos partes.

> La unción es una forma de expandirte para que tengas capacidad parahacer aquello que estás llamado a hacer.

Algunas personas solo poseen datos o rumores, nada más. Tener únicamente datos o rumores sin revelación resulta ineficaz. Otras creen poseer revelación, pero no la combinan con conocimiento. Si Dios concede revelación a alguien, también le proporcionará la información necesaria que la sustente.

La revelación es una combinación de sabiduría, entendimiento y conocimiento. El conocimiento es el resultado de combinar hechos, información y datos. Por ejemplo, un bebé nace por conocimiento. La Biblia dice que Adán conoció a su mujer (Génesis 4:1). El proceso procreativo involucraba a dos personas: padre y madre. También incluye la sabiduría y la comprensión necesarias para producir este conocimiento. Un bebé es la manifestación del conocimiento del padre y la madre. Algunos de los grandes rabinos afirman que es el cerebro del padre el que concibe al bebé antes de que el semen llegue al útero de la madre, y luego él planta la semilla. Un bebé no es solo el resultado de un acto físico; el bebé es la manifestación de un proceso cognitivo que se activa en el cerebro del hombre. Luego se libera y entra en la mujer para gestarse durante nueve meses. Después de nueve meses, se da a luz como conocimiento: un bebé. Por lo tanto, los niños son la consumación del conocimiento, la sabiduría y el entendimiento que comenzaron en otro reino y vinieron como una unción sobre la cabeza. Qué poderoso es mirar a nuestros hijos desde esta perspectiva.

Deshanta es la palabra hebrea que se traduce como «ungir». Deshanta también puede significar eliminar las cenizas quemadas del altar. Cuando Dios unge nuestras cabezas, cuando la unción viene sobre nosotros, también es con el propósito de despejar nuestras mentes. Cuando la unción viene sobre alguien, despeja la mente. No hay unción donde la mente está abarrotada. Parte del proceso de la unción consiste en despejar nuestras mentes y nuestros cerebros y limpiar las cenizas de generaciones de malos pensamientos. Consideremos a David, que provenía de una línea de incesto. Según las Escrituras, David era un gran hombre, pero la relación de su padre con su madre era problemática; sin embargo, la unción eliminó eso y abrió nuevas perspectivas de comprensión sobre quién era David, su relación con el mundo y lo que se suponía que debía lograr. Consideremos a Jesucristo, un hombre nacido de una mujer que dijo haber visto un ángel. A lo largo de la vida de Jesús, los judíos le exigían: «Muéstranos a tu padre. ¿No es este el hijo de María o de José el carpintero?». Los judíos solían criticarle. Aunque Jesús era Dios hecho hombre, debió de ser difícil para él pasear por la ciudad y oír a la gente hablar de él de esa manera, sobre todo porque Jesús sabía lo que pensaban en sus corazones.

> La unción es la expansión de la conciencia y de la capacidad para recibir la plenitud de Dios en tu vida.

Imagina a Jesús caminando por su ciudad toda su vida escuchando a la gente decir: «¡Sí, claro! Su madre vio a un ángel. Debe haber sido uno de los soldados romanos el que se le apareció como ángel». Sin embargo, debido a la unción, las habladurías nunca encontraron lugar en su vida. Jesús nunca habló de ello. Centró su mente para no andar en confusión entre el bullicio de las conversaciones humanas sobre su identidad. Algunas personas, con ese tipo de antecedentes, siempre mezclan su desorden con el mensaje. Siempre se trata de ellos debido al fracaso de su padre, pero esto no es así con Jesucristo.

Jesús no fue ungido al nacer. Fue ungido en su bautismo. Ser hijo de Dios no es lo mismo que ser ungido. La unción solo es necesaria para ciertas tareas o para un proceso mental que producirá el resultado deseado por Dios. La unción de la cabeza de Jesús significa que su conciencia se expandió para poder manejar la magnitud de la intención y de los planes de Dios para su vida.

La unción implica la expansión de nuestra conciencia y de

nuestra capacidad para recibir, en nuestras vidas, la plenitud de quién es Dios. Por ello, si Dios declara que desea utilizarnos para transformar el mundo, no podríamos asumir esa tarea de manera ordinaria, a menos que Él mismo introduzca aquello que amplíe nuestra capacidad para sostenerla y llevarla a cabo.

Dios nos unge para expandirnos y capacitarnos para asumir la tarea que Él nos ha encomendado. Una vez que hemos cumplido la asignación o el propósito específico para el cual Dios nos ha ungido, ya no podemos seguir operando de la misma manera, porque la unción fue concedida para una tarea concreta y momentánea. Esa unción se liberó para generar una expansión y una capacidad adecuadas para afrontar una responsabilidad mayor y puntual otorgada por Dios.

Por ello, nunca deberíamos gloriarnos en la unción, ya que no nos pertenece; es concedida para la obra que Dios ha determinado. Por ejemplo, cuando alguien recibe una unción para hablar, los demás pueden percibir cuán poderoso es, hasta que esa unción se le sube a la cabeza. Puede llegar a pensar que todo se debe a su propia capacidad; sin embargo, cuando la unción se retira, quedan al descubierto sus fragilidades humanas. La unción posee un efecto embellecedor que dispone a las personas a escuchar lo que alguien dice; de otro modo, quizá no le prestarían atención si esa unción no estuviera presente. En la Escritura, Aarón fue un adorador de ídolos y, en un momento determinado, incluso invocó a Satanás desde el infierno; sin embargo, fue transformado por la unción. Cuando la unción descendió sobre él, llegó a ser sumo sacerdote y fue capaz de abrir los cielos. La unción es eficaz; incluso simples varas convertidas en utensilios se transformaron en portadoras de la presencia divina después de ser ungidas con aceite.

> Los ángeles te ayudarán en cuanto extiendas las manos, pero lo que pasa es que estás de brazos cruzados esperando que pase algo.

La unción genuina que proviene de Dios no permanece únicamente sobre la cabeza, sino que fluye hacia la mano. David afirmó: «Mi copa está rebosando», es decir, la prosperidad llega a través de la cabeza y de la mano. Un copero, al servir la mesa, no deja la copa apoyada para que se derrame por sí sola; la inclina, la vuelca, para liberar lo que contiene.

La palabra hebrea para «copa» es *kavas* (כוֹס); comienza con la letra *kaph*. *Kaph* puede significar algo tan abrumador y pesado que la carga resulta imposible de sostener; sin embargo, también puede significar aquello que se inclina para dejar salir lo que hay en su interior. *Kaph*, al igual que la mano, puede sostener, pero también derramar.

David mostró el significado de la copa que rebosa: esta une la cabeza y la mano. Escribo a esta generación, a quienes afirman estar ungidos pero no quieren trabajar ni usar sus manos. En su lugar, permanecen pasivos, ayunan durante veinticinco días y esperan que Dios descargue un milagro. La unción debe fluir a través de la copa de la mano, porque la prosperidad se mueve de la cabeza a la mano. Si Dios desea prosperarnos, nos dará una idea de lo que debemos hacer. Pondrá algo en nuestra mente que podamos desarrollar mediante nuestras manos. Después de que la unción descendió sobre su mano, David dijo: «Bendito sea el Señor, que adiestra mis manos para la obra».

> Dios te capacita para crear riqueza.

No es bíblico pensar que no necesitamos usar nuestras manos porque Dios simplemente hará caer las cosas del cielo. Aunque hay momentos en los que Dios obra milagros, no nos quedamos tumbados esperando a que los ángeles limpien nuestras casas. Dios nos prometió prosperidad; sin embargo, prometió poner ideas en nuestra mente y fortalecer nuestras manos para llevarlas a cabo. Él puso el registro en la palma de nuestras manos. Moisés oró en el Salmo 90:17: «Sea la gracia del Señor nuestro Dios sobre nosotros, y confirma sobre nosotros la obra de nuestras manos; sí, confirma la obra de nuestras manos» (NKJV). Cuando recibimos ideas en nuestra mente, debemos desarrollarlas mediante la acción. Los ángeles nos ayudan cuando extendemos nuestras manos. Los ángeles no pueden ver el registro de nuestros rollos si no extendemos las manos. No podemos permanecer pasivos esperando que las ideas de nuestra mente se manifiesten por sí solas.

En muchas ocasiones, numerosas personas me han dicho que desean enseñar y viajar por el mundo como yo. Les respondo con franqueza que no están dispuestas a asumir el esfuerzo requerido y que, en realidad, solo buscan disfrutar, porque lo que yo hago exige un trabajo intenso. Les explico cómo organizo y empleo mi tiempo. Les aclaro que no es extraño para mí regresar de un viaje a las tres de la madrugada y dirigirme directamente a la oficina para preparar lo que voy a enseñar a la mañana siguiente.

No podemos depender de nuestra brillantez personal ni únicamente de la capacidad de repetir información. Debemos ser capaces de recibir del cielo, con la sabiduría asentada en nuestra mente, y con el entendimiento y el conocimiento operando conjuntamente como un embudo descendente que permite que lo sobrenatural irrumpa en este mundo. De este modo, esa realidad se proyecta e influye en la manera en que actuamos con nuestras manos, con nuestros diez dedos, con los diez principios de la creación y con los Diez Mandamientos. La vida no es una lotería.

Nuestro Padre está hablando constantemente. No existe un momento especial en el que Dios "descargue" algo de manera aislada. Cada vez que oramos, Dios está hablando y comunicando algo. Dios unge nuestra cabeza para expandir nuestra conciencia y capacitarnos para recibir aquello que Él está diciendo y transmitiendo. Precisamente porque Dios nos da ideas, debemos usar nuestra mente y pensar. Es necesario desarrollar una práctica constante de quietud, de escucha atenta, para recibir ideas del cielo.

> No hay ni uno solo de nosotros al que Dios no le haya dado alguna idea.

Las ideas que Dios nos concede pueden exigir que aprendamos, estudiemos o comprendamos algo nuevo y diferente. Dios puede dar una idea que requiera que una persona vaya a la escuela para formarse como electricista y aprender a conectar un cable con otro. Puede dar una idea que requiera aprender fontanería para poder materializar aquello que Dios ha revelado. Debemos hacer lo necesario para llevar a la práctica, con nuestras manos, las ideas que Dios nos confía, independientemente de la edad o de la etapa de la vida en la que nos encontremos.

Algunas personas tienden a convertir las ideas de Dios en algo meramente religioso. Por ejemplo, Dios habla a alguien sobre cómo transformar el mundo a través de la tecnología, pero esa persona afirma que Dios lo envía de misión a África, en lugar de desarrollar y hacer realidad los avances tecnológicos que le han sido revelados. Cuando alguien responde de este modo, Dios entregará esa idea a otra persona que sí esté dispuesta a trabajarla con sus manos. La cooperación entre nuestra mente y nuestras manos es fundamental para vivir y actuar desde la abundancia.

Todo hombre que piensa pero no quiere usar sus manos será rico en su mente y pobre en la vida. Del mismo modo, todo hombre que trabaja con sus manos pero no piensa realmente terminará siendo esclavo de quienes sí producen y crean. Tendemos a depender de los demás, aun cuando Dios nos ha dado mentes brillantes. Algunos poseen el don de pensar, pero sus manos son perezosas. Otros tienen capacidad para orar, pero sus manos son tan inactivas que, cuando Dios les envía una idea, no la perciben porque no están pensando. Y cuando finalmente la perciben, la convierten en una religión. Como nuestras manos no quieren trabajar, la idea permanece en la mente hasta que alguien más la capta y la lleva a la práctica.

Según las Escrituras, el dinero no es nuestro dios, pero Dios nos concede el poder para obtener riqueza, no mediante lo milagroso o lo mágico. Hemos recibido ideas que hoy se manifiestan de forma concreta en nuestras vidas. Dios nos da esas ideas como un medio para prosperar financiera y económicamente. La espiritualidad y la economía están interrelacionadas; por ello, aunque podamos reflexionar sobre la economía desde una perspectiva religiosa y sobre cómo se ejerce o se pierde el poder, la realidad es que quienes poseen los recursos económicos son quienes toman las decisiones sobre cómo funcionan las cosas. Dios busca que sus hijos desarrollen una mayor comprensión económica, porque el mundo se está moviendo en esa dirección. La guerra que enfrentamos es espiritual y está directamente vinculada a la economía.

Si queremos vivir y actuar desde la abundancia, debemos comenzar a aplicar estos principios y enseñar a la siguiente generación a hacer lo mismo. Es necesario pensar y trabajar con nuestras manos. En las Escrituras, Dios nos recuerda con frecuencia la mano del Señor, especialmente en el libro del Éxodo. Esta imagen permea toda la Biblia: diez dedos, diez principios de la creación; diez dedos, diez bienaventuranzas; diez dedos, los Diez Mandamientos; diez dedos, las diez pruebas de Abraham; diez dedos, las diez plagas de Egipto, mediante las cuales se reconoció que era la mano del Señor la que había venido contra ellos.

Los milagros no suceden simplemente de manera automática, porque el milagro implica una obra, un trabajo. Eso es precisamente lo que significa obrar un milagro, realizar una acción. Cuando alguien provoca que ocurran milagros, significa que ha trabajado en ello, incluso durante toda la noche. El tabernáculo de Moisés fue primero una idea, un diseño que se reveló a la mente de alguien; luego, con sus manos, se fabricaron todas las herramientas necesarias para construirlo, incluso antes de que Moisés ordenara levantarlo. El tabernáculo no descendió del cielo ya hecho para su uso inmediato, sino que tuvo que ser construido.

En ciertos movimientos de carácter místico, en ocasiones se ha esperado que las cosas se manifiesten de manera pasiva. Existen momentos en los que algo se manifiesta, pero el principio bíblico indica que ese tipo de manifestación es una señal de lo que estamos llamados a hacer. La señal no es la realidad final, sino un indicador de aquello de lo que somos capaces y de lo que debemos llevar a cabo. Por eso se les llama señales y prodigios. Si Dios hiciera hacer descender un coche del cielo, no significaría que seguirá haciendo descender coches del cielo. Ese coche sería un prototipo, para que aprendamos a construirlo y a producir más por nosotros mismos, sin depender de que Dios lo haga directamente. Los no creyentes, en gran medida, comprenden estos principios y, por ello, son capaces de hacer ciertas cosas que nosotros los cristianos, no hacemos.

Aunque el no creyente necesita a Dios para la salvación, no lo necesita para crear tecnología. Dios ya ha creado la tecnología. Cuando Dios utiliza a alguien para producir algo y ese algo se desarrolla en justicia, los no creyentes pueden igualmente tomarlo y reproducirlo. Por ejemplo, China, sin creer en nuestro Dios, replica muchas invenciones estadounidenses. Dios ha dado al menos una idea a cada ser humano; no ha excluido a nadie. Tal vez hemos perdido esas ideas porque estábamos esperando que ocurriera algo mágico.

Debemos llevar a término las ideas que Dios nos ha dado. Podemos empezar con un cuaderno, comenzar a dibujar, a escribir y a plasmar las ideas por escrito.

Si nosotros no llevamos esas ideas a cabo, alguien más lo hará.

> Por lo tanto, pasamos toda la vida tratando de proteger aquello que creemos que se va a agotar. Y en la misma medida y grado en que albergamos ese pensamiento, sostenemos también esa misma idea acerca de Dios.

En última instancia, esto significa que en realidad no creemos en Dios, sino en nosotros mismos, porque no conocemos a Dios como pensamos que lo conocemos. Si verdaderamente conociéramos a Dios, sabríamos que Él nunca se agota. Es, en el fondo, algo muy sencillo. Sin embargo, la sociedad nos transmite la idea de que todo en el mundo se está acabando. A través de distintos medios, recibimos el mensaje de que, si no eliminamos al que está a nuestro lado para obtener lo que deseamos, los recursos se agotarán. Y lo cierto es que hemos terminado aceptando y asumiendo esa mentalidad.

Por ejemplo, se nos dice que la tierra ya no tiene más espacio disponible y lo creemos, a pesar de que todos los seres humanos que habitan hoy el planeta podrían caber en el estado de Texas si estuvieran de pie uno junto a otro. Hemos sido condicionados psicológicamente para creer y actuar según lo que se nos dice; como resultado, nos apiñamos en las ciudades y terminamos compitiendo unos con otros para obtener lo que deseamos. Esto ayudaría a explicar por qué la Biblia presenta una postura que parece claramente crítica o reticente frente a la ciudad.

Muchos pasajes de la Biblia consideran la ciudad como un

> Llegaremos a la conclusiónde que todo lo que Dios hacees para mostrarnos que somos los candidatos para albergar en nuestro cuerpo la abundancia.

espacio donde se concentran múltiples formas de mal, un lugar en el que los seres humanos son reunidos para ejercer sobre ellos control y para que no se extiendan sobre la faz de la tierra. La primera ciudad de la tierra la construyó Caín para su hijo, y estuvo fundada sobre la sangre de Abel, a quien Caín había asesinado. Sin embargo, Dios había ordenado a su pueblo, a Adán, a Noé y a sus descendientes, que avanzaran y se dispersaran por la tierra para someterla; aun así, se agruparon para construir una torre de confusión.

En las Escrituras se afirma que Jerusalén fue eliminada. Dios quitó la Jerusalén terrenal porque se había convertido en un lugar marcado por la sangre, tal como denunciaron Jeremías, Ezequiel e Isaías. De este modo, la Jerusalén de Israel pasó a ser la ciudad de los jebuseos, una ciudad caracterizada por una violencia aún mayor.

> El sentido común es el menos común de los sentidos.

Este análisis nos lleva a revisar nuestra forma de pensar basada en la carencia, una mentalidad que se ve intensificada cuando se nos inculca que debemos vivir concentrados en ciudades, apiñados unos contra otros, compitiendo e incluso destruyéndonos. Jerusalén no fue destruida porque los extranjeros fueran más poderosos, sino porque estaba llena de sangre de un extremo al otro. El pueblo fue reunido, se levantaron ídolos y se les rindió culto, alejándose así del propósito original de Dios.

Una vez más, Dios les ordenó extenderse y dispersarse por la tierra hacia el oriente, pero ellos eligieron agruparse en ciudades, donde surgieron y prosperaron múltiples formas de mal.

Hoy en día parece existir poca o ninguna crítica hacia las ciudades. Incluso algunos profetas hablan como si las ciudades hubieran sido creadas por Dios. Sin embargo, las ciudades son sistemas humanos diseñados para la confusión y el control. Da la impresión de que quienes viven en ellas se consideran a sí mismos más civilizados. La ciudad se convierte así en un espacio donde los seres humanos se hieren entre sí y luchan por migajas, aun cuando fuera de ella existe abundancia.

Si viviéramos en zonas abiertas o rurales y cada uno dispusiera de un terreno, podríamos producir nuestro propio alimento. Pensemos en la ciudad de Nueva York, millones de personas concentradas en subdivisiones reducidas, apiladas unas sobre otras, cuando existe tierra suficiente en el propio estado de Nueva York para que todas pudieran vivir de otra manera. Las ciudades no son sostenibles y, como consecuencia, en los próximos años muchas personas comenzarán a vivir fuera de ellas, entrando en la ciudad principalmente para la interacción social.

Esto no significa que las ciudades carezcan de aspectos positivos. Sin embargo, muchas de las actividades que se realizan en la ciudad también pueden llevarse a cabo en entornos rurales. Las personas pueden dispersarse y, aun así, continuar desarrollando aquello que hoy hacen concentradas en los centros urbanos.

Una diferencia fundamental entre las zonas rurales y las ciudades es que, por lo general, en los entornos rurales las personas no se asesinan entre sí. Las tasas de criminalidad suelen ser considerablemente más bajas en las áreas rurales que en las urbanas. Desde la perspectiva de la ciudad, puede parecer que no hay suficiente tierra, como si el planeta se estuviera reduciendo. Sin embargo, la realidad es que cada ser humano podría disponer de dos o tres acres de terreno y la tierra seguiría siendo suficiente para todos. Esto resulta evidente cuando se observa el mundo desde un avión. Al mirar por la ventanilla, se aprecian extensas áreas de tierra abierta y deshabitada.

No hay muchas zonas densamente pobladas. Esta idea de vivir apiñados en las ciudades, bajo la creencia de que allí hay mayor seguridad y más recursos disponibles, es algo que los luciferinos han promovido en la humanidad; y esto no es una teoría conspirativa. Han convencido a las personas de que no pueden sobrevivir viviendo solas en algún lugar de las montañas, como si Dios fuera incapaz de protegerlas. Han inculcado la idea de que, si uno se aleja y sale de la ciudad, morirá de hambre, aun cuando todo el alimento que se consume en las ciudades procede de fuera de ellas.

Cada vez que los seres humanos han actuado como lo estamos haciendo ahora, Dios ha venido y los ha dispersado. Esto es evidente en las Escrituras. No tenemos todas las respuestas, pero es importante no idolatrar la ciudad. Los niños que nacen en las ciudades tienden a pensar que la ciudad es el lugar donde Dios quiere que estemos; sin embargo, en la creación existen recursos suficientes y hay espacio más que suficiente en la tierra para todos nosotros. Al volar sobre Asia y observar por la ventana del avión, se pueden contemplar extensiones inmensas de territorio.

Pensemos en China. Hay miles de millones de personas en China, la mayoría concentradas en distintas ciudades. Pensemos también en Estados Unidos. Al sobrevolar el país, es posible ver la enorme cantidad de tierra disponible, a pesar de que ciertos grupos desean apropiarse de ella, convertirla en su posesión y hacer que los demás dependan de ellos para acceder a lo que debería estar al alcance de todos.

> La abundancia de Dios nunca se agota.

Se trata de un sistema que conduce a la esclavización sistemática de la humanidad, y aun así lo hemos exaltado como si fuera algo admirable. Por ello, nos corresponde examinar estas estructuras mundanas con una actitud crítica y con un sano escepticismo. No se trata de oponerse a las ciudades ni de sugerir que las personas deban abandonarlas. Se trata de reconocer que las ciudades asumen un control excesivo sobre la vida de las personas y de que necesitamos comenzar a pensar de otra manera. Existen recursos suficientes sobre la faz de la tierra. Si maduramos para llegar a ser quienes estamos llamados a ser en Dios, también podremos contribuir a crear más recursos.

Por el contrario, cuando nos centramos en disputar cosas pequeñas y operamos desde la carencia, terminamos viviendo sin paz. Todas las guerras se libran por los recursos, porque alguien convence a otro de que no hay suficiente para todos. A partir de esa idea, las personas están dispuestas incluso a morir para obtener lo que creen que escasea.

En un momento dado nos convencieron de que el oro se estaba agotando. Entonces, de repente, nos dijeron que se había descubierto más oro que nunca antes. Debemos aprender a pensar desde la perspectiva de que hoy en día hay muchos más recursos que nunca antes y aplicar esta visión a nuestra vida personal. Es necesario preguntarnos desde dónde operamos, ¿desde la carencia o desde la abundancia? Nuestra respuesta condiciona directamente nuestro bienestar psicológico.

David afirmó: «Yo opero desde la abundancia, desde la certeza de que Dios es mi pastor, pleno de bendición, y que Él la derrama hacia mí». Todo lo que Dios hace tiene como finalidad mostrarnos que somos verdaderos destinatarios y portadores del proceso de la abundancia.

> Dios mismo es la bondad.

Salmo 23:6: «Ciertamente el bien y la misericordia me seguirán todos los días de mi vida».La primera palabra de este texto se compone de las iniciales de los patriarcas de Israel: Abraham, Isaac y Jacob. La palabra «ach» se convierte en Alef Yod Yod, es decir, Abraham, Yitzchak y Yaakov. Dios dijo: «Yo soy el Dios de Abraham» en Éxodo 3:6, y también dijo que ese sería Su nombre por siempre.

Ciertamente	אַ יּ (ach)
el bien	טוֹב (to·vv)
y la misericordia	וְחֶ סֶד (va·che·sed)
me seguirán	יִ רְ דְפוּנִ י (yir·de·fu·ni)
todos los días de mi vida	כל יְמֵי חַיָּי (kol yemei chayah)

Jesús se hizo eco de esa declaración en Mateo 22:32. En la tradición judía, a Abraham se le considera el portador de la misericordia. Sabemos que cuando David dijo: «Ciertamente la bondad y la misericordia me seguirán todos los días de mi vida», se estaba refiriendo a la bondad y misericordia de Dios, dos de los atributos de Su naturaleza. Sin embargo, cuando los judíos rezan, lo hacen aludiendo a las «misericordias de Abraham» que para ellos son un río constante que fluye hasta sus corazones. Esto hace referencia a la naturaleza de Dios que fluye a través del patriarca Abraham y de su simiente, Isaac y Jacob. De hecho, Israel es el recipiente de la misericordia ya que Dios le dijo a Abraham que tendría misericordia de ellos y que Su bondad les alcanzaría. (Éxodo 33:19). Dios hace esto de forma consistente. En el caso de David, lo que Dios hizo fue fluir a través de su descendencia. En nuestro caso, es a través del Hijo de Dios, Jesucristo, que recibimos la misericordia y la bondad de Dios.

> La bondad no puede germinar si no hay quien esté dispuesto a morir.

La gematría de *ach* (אַיְ) es 21. Dos más uno es tres, número que no solo se asocia con Dios, sino también con los patriarcas de Israel. Así, cuando un judío menciona a Abraham, Isaac y Jacob, en realidad está haciendo referencia a Dios mismo, pues es el nombre que Dios asumió para revelarse. Él es el Dios de Abraham, de Isaac y de Jacob.

Tovv es la palabra hebrea para «bondad» y su gematría es ocho. *Tovv* comienza con la letra *Tet*. *Tet* tiene un valor numérico de nueve, que también es el número asociado a la muerte. En el *Zohar*, cuando las letras se presentaron ante Dios para explicar por qué debían ser la primera letra del *AlephBet*, *Tet* se acercó a Dios y dijo que debía ser la primera porque era el inicio de *tovv*, de la bondad. Sin embargo, Dios también la vinculó con la muerte.

Si reflexionamos sobre la bondad, observamos que, según las Escrituras, la bondad fluye de la capacidad de morir. Jesús lo expresó con claridad en Juan 12:24:

> «De cierto, de cierto os digo, que si el grano de trigo
> no cae en la tierra y muere, queda solo; pero si muere,
> lleva mucho fruto» (KJV).

La idea de la bondad, vinculada a la muerte, no se refiere a una desaparición total o a un aniquilamiento absoluto. Esta muerte es el morir constante a uno mismo que permite que la bondad germine. La bondad no puede brotar allí donde una persona no está dispuesta a morir a sí misma. Cada acto de bondad suprime algo que es contrario a ella, algo que es malo. Dicho de otro modo, cada vez que hacemos el bien, algo en nosotros muere, algo que no se ajusta a la naturaleza de Dios.

Pablo expresó esta verdad cuando escribió: «Cada día muero» (1 Corintios 15:31). Pablo moría de manera constante al elegir hacer el bien. En términos judíos, la práctica continua de las *mitzvot* manifiesta la bondad de Dios. Habitualmente, cuando deseamos realizar una acción verdaderamente buena, aparece la duda; sopesamos los pros y los contras, consideramos nuestras propias necesidades, nuestra posición y el coste personal que implica. Sin embargo, cuando finalmente realizamos una buena obra, algo muere en nosotros. Como mínimo, comienza a morir la mentalidad de carencia desde la que solemos operar.

De esa muerte brota la bondad. No es necesario buscar otras formas de crucificarnos, porque hacer el bien es, en sí mismo, una forma de crucifixión. Mostrar bondad a alguien que no la merece es una crucifixión, sin necesidad de atravesar el dolor consciente de comprender todo lo que implica ese proceso.

La siguiente palabra es misericordia, *chesed* (חֶסֶד). Su primera letra es *Chet* (ח), cuyo valor numérico es ocho. En la simbología hebrea, *Chet* se representa como una puerta cerrada, una puerta que no puede atravesarse sin un proceso de iniciación. El símbolo de *Chet* es muy similar al de *Heh* (ה); sin embargo, *Heh* se representa como una puerta con bisagra, debido a la combinación de *Dalet* (ד) y *Vav* (ו). *Chet*, en cambio, es una puerta cerrada.

> La abundancia del creyente es ilimitada.

En el ámbito del misterio, para atravesar la puerta de *Chet* es necesario morir, no una muerte física, sino una muerte iniciática que introduce a la persona en los misterios. Por ello, *Chet* representa la puerta que se encuentra delante de quien aún no ha sido iniciado. Quien desea atravesar esa puerta cerrada necesita misericordia. No podemos entrar si no es por medio de la misericordia que intercede y nos da acceso.

Ocho es el valor numérico y la gematría de *Chet* y *Tovv*, respectivamente. Esto indica que la bondad de Dios se hace real en nuestras vidas y se comprende con mayor profundidad cuando somos iniciados en los misterios de Dios. Sin esa iniciación, solemos dar por sentada la bondad divina y no alcanzamos a comprender que su bondad es el medio por el cual los misterios del cielo irrumpen en nuestra vida. Romanos 2:4 dice:

> «¿O menosprecias las riquezas de su bondad, paciencia
> y longanimidad, ignorando que la bondad de Dios te
> conduce al arrepentimiento?» (NKJV).

El arrepentimiento es uno de los principios de iniciación en el misterio de la naturaleza de Dios, porque sin él no podemos entrar. De este modo, David revela que ser seguidos por la bondad constituye una oportunidad constante de iniciación en el misterio de la divinidad. El misterio de Dios está relacionado con su plenitud y con su provisión infinita. Él no se agota jamás. El misterio, en su sencillez, es que si estamos en Dios, estamos completos, porque la bondad no es simplemente algo que Dios posee, sino que Dios mismo es la bondad.

La iniciación del creyente en la bondad de Dios es, en realidad, una iniciación en la propia naturaleza de Dios. Cuando nos encontramos ante una acción buena que estamos llamados a realizar, nos situamos ante una puerta que conduce al misterio de la iniciación. Cada vez que somos llamados a hacer algo grande y bueno, estamos delante de una puerta cerrada, y solo el acto de bondad puede abrirla. En ese momento, nos encontramos ante un proceso iniciático que nos introduce en un aspecto de la divinidad.

Día tras día, a cada instante, Dios nos ofrece oportunidades para ser iniciados en una dimensión de su ser, ya sea poniendo en nuestro camino a personas con dificultades a las que estamos llamados a ayudar, o permitiendo situaciones complejas dentro de nuestras propias familias para que podamos servirlas y acompañarlas. Dios se manifiesta de múltiples maneras para que podamos comprenderlo. Debido a su interés constante por nuestras vidas y a la inmensidad de su divinidad, Él está siempre creando espacio y colocando una puerta delante de nosotros, invitándonos a ser iniciados en el misterio de alguno de los aspectos de su ser.

Dios está constantemente retirando aquello que se interpone entre Él y nosotros a través de la sangre de su hijo para asegurarse que siempre tengamos acceso a la plenitud de nuestro Padre en el cielo.

> Dios está constantemente retirando aquello que se interpone entre Él y nosotros a través de la sangre de su hijo para asegurarse que siempre tengamos acceso a la plenitud de nuestro Padre en el cielo.

La palabra que se traduce como «seguir» es *yirdefuni* (יִרְדְּפוּנִי), cuya gematría es 360. Este número alude a la idea de un círculo completo, de plenitud. David estaba afirmando que la bondad y la misericordia lo seguirían para iniciarlo en los misterios de la naturaleza de Dios y en el misterio de la plenitud de la creación. Por tanto, cuando operamos desde la plenitud de quién es Dios y desde su abundancia, somos conducidos constantemente a un espacio de plenitud creativa. Nos lleva al círculo completo, constituido por su bondad y su misericordia inagotables.

Cada vez que caemos en una postura de carencia, podemos reactivar el principio que provoca el flujo de la plenitud divina en nuestras vidas. Al regresar al proceso de la creación descrito en Génesis 1, en el sexto día, y al operar desde la abundancia, siempre podemos completar el círculo. Debemos reconocer que la bondad y la misericordia nos persiguen. No somos nosotros quienes las perseguimos. No están delante de nosotros, sino detrás. Nos siguen porque la plenitud y la abundancia son principios desbordantes que proceden de Dios. Él está dispuesto a abrir la puerta para que todo aquello que tiene preparado para nosotros nos inunde. La gematría 360 de la palabra «seguir» indica que este desbordamiento nos rodea durante todos los días de nuestra vida.

> Dios te bendice porque Él es Dios y porque tú crees que Él te bendecirá.

Vivimos en un mundo que moldea nuestra mentalidad desde la escasez, llevándonos a creer que Dios creó la tierra para agotarse. Pero la realidad es que podemos volver una y otra vez a Él, que es la plenitud de todo. Dios envía Su bondad y Su misericordia—Su propia presencia—para estar disponibles justo en el punto de nuestra necesidad. Cada vez que sentimos que se nos acaba algo, la bondad y la misericordia se encuentran para formar un arco que manifiesta la visión de lo que viene desde el ámbito divino hacia nuestra vida. En otras palabras, nunca se nos acaba nada realmente, salvo en nuestra mente. Si somos hijos de Dios, nuestra primera tarea, cuando sintamos la tentación de actuar desde la escasez, es volvernos hacia Él. Su plenitud nunca se agota.

Las últimas palabras de «todos los días de mi vida» en hebreo son yemei chayai (חַיָּי יְמֵי). Yemei se escribe Yod-Mem-Yod y tiene un valor numérico de 60, que representa el número de la creación. Esto alude a regresar al punto de origen de la creación del ser humano y utilizar los principios de la creación para reformular, rectificar, revitalizar, reescribir y redirigir nuestras vidas. La gematría de chayai es diez: Jet (8), Yod (10), Yod (10) suman 28. Dos más ocho es igual a diez. El Salmo 23 comienza con el número 3, que puede representar a Abraham, Isaac y Jacob, y termina con el número 10, el principio de la creación. David estaba diciendo que vivía dentro de la plenitud de la promesa hecha a Abraham, Isaac y Jacob. Vivía como alguien que permanecía constantemente ante la puerta del misterio divino. Esa puerta puede estar cerrada, pero siempre tenemos acceso gracias a lo que está detrás de nosotros: la bondad y la misericordia.

Así, tenemos acceso a la puerta del misterio divino; sin embargo, no todos los que llegan a esa puerta son iniciados, porque para ellos la puerta permanece cerrada. Quien se acerca a esta puerta sin conocer al Dios de Abraham, Isaac y Jacob no puede acceder a nada. La bondad y la misericordia que nos siguen determinan nuestro futuro, porque todo lo que dejamos atrás es lo que cosecharemos más adelante. Nuestro futuro está siendo empujado hacia nosotros por aquello que permanece a nuestras espaldas. Como Dios no quiere que haya nada detrás de nosotros excepto Él mismo, hace de perdonarnos una tarea constante. Dios no desea que nada más nos persiga, sino solo Él. Cuando David pecó, no dijo: «¡Dios mío! ¡Mis pecados me están persiguiendo! ¿Qué voy a hacer?». En cambio, dijo: «Ciertamente, el bien y la misericordia me seguirán». Esto era verdad en cada momento de su vida. Además, David declaró que lo perseguirían todos los días de su vida. De hecho, lo siguen incluso hasta la tumba. Si la bondad y la misericordia nos persiguen todos los días de nuestra vida, y nuestra vida no termina verdaderamente con la muerte, entonces nos persiguen hasta el otro mundo. Cuando los creyentes mueren en este mundo, no se van al polvo, entran en una nueva vida.

Dios nos sigue incluso hasta la tumba. Al otro lado del umbral, la bondad y la misericordia de Dios continúan persiguiéndonos, porque nos buscan eternamente. La bondad y la misericordia de Dios—manifestadas a través de Abraham, Isaac y Jacob—siguen vivas y persiguen constantemente a sus descendientes. Jesús insinuó esta verdad cuando dijo que Dios no es Dios de muertos, sino de vivos (Lucas 20:38). Esa persecución divina permite al creyente comenzar de nuevo, no hay fin para la abundancia del creyente.

Aunque la verdad es que nuestra abundancia no tiene fin, seguimos inclinándonos a creer lo contrario: que la abundancia tiene un límite. Como resultado, continuamos actuando desde una mentalidad de escasez. Pensamos que no tenemos lo suficiente, así que retenemos. Nos preocupa lo que pueda pasarnos, y por eso no respondemos a las necesidades de los demás. No pensamos desde la perspectiva del flujo de la abundancia. Nos convencemos de que no podemos hacer nada por otros hasta que hayamos provisto completamente para nosotros mismos.

Dalet representa una puerta abierta con bisagras, mientras que la letra Chet simboliza un Dalet cerrado. Este simbolismo se refleja claramente en la afirmación de Jesús cuando dijo: «Yo soy la puerta» (Juan 10:9). Muchos de los temas presentes en el Salmo 23 se manifiestan también en el Evangelio de Juan: «Yo soy el buen Pastor», «He venido para que tengan vida, y la tengan en abundancia», «Yo soy la puerta, el que por mí entrare será salvo, y entrará, y saldrá, y hallará pastos». David nos estaba diciendo que el Salmo 23 debe ser el himno del creyente: una declaración de confianza, provisión, guía y vida en abundancia.

Cuando me convertí al cristianismo, en todas las iglesias a las que iba se recitaban dos oraciones: «Padre nuestro que estás en los cielos» y «el Señor es mi pastor». Hasta que el Señor me dijo que enseñara el Salmo 23, no me di cuenta de que debería ser nuestro mantra. Dios es la personificación de la sobreabundancia, la abundancia desbordante, la hiperabundancia y la abundancia sobrenatural.

Él nos dice: «Yo cargo con esto y voy tras de ti con ello. Cuando pones un bloqueo entre tú y yo, uso la sangre de mi hijo para quitarlo, de modo que siempre pueda tener acceso para derramarlo sobre ti. Quiero bendecirte. Quiero llenarte de mi bondad. No tengo ningún problema que me impida bendecirte. Ciertamente la bondad y la misericordia te seguirán todos los días de tu vida, tanto en tu existencia terrenal como en la eterna».

Nosotros, los que conocemos a Dios operando en nuestras vidas como Adán operaba en el jardín, somos el centro. La intención de Dios para nosotros, como sus hijos, es llevarnos constantemente a la posición de pleno suministro que Adán tenía en el jardín donde no había pecado ni carencia. Nacer de lo alto es la forma en que Dios nos devuelve esto. Si nuestro pecado sigue siendo un problema, entonces Jesús murió en vano. Todo lo que necesitamos hacer es ir a Él, a su sangre. Por la sangre de su hijo, Dios está constantemente quitando lo que es un obstáculo entre Él y nosotros para asegurarse de que tenemos acceso constante a la plenitud de nuestro Padre en el Cielo. No hay nada entre Dios y nosotros que nos esté reteniendo en este momento. Operar desde el lugar de la completa provisión del corazón del padre para con nosotros es una vida increíble. Dios continua persiguiéndonos para manifestar la plenitud de quien Él es. Amén.

Jesús nos dijo que Él es la puerta, y el buen pastor que apacienta a las ovejas y a los corderos. Nos dijo que había venido para que tuviéramos vida y la tuviéramos en abundancia. Él es la puerta por la que podemos entrar y salir para encontrar pastos. Si nuestra razón para que Dios no nos bendiga son nuestros defectos, entonces debemos explicar la razón por la que Él bendice al incrédulo.

Debemos abandonar ese tipo de pensamiento. Caminar justamente es todavía importante, pero no es la razón por la que Dios nos bendice. Dios nos bendice porque Él es Dios y porque creemos que Él nos bendecirá. La Biblia dice, «Sin fe, es imposible agradar a Dios», no «Con o sin pecado, es imposible agradar a Dios» (Hebreos 11:6). En este versículo, Dios usa la fe a propósito porque es por la fe que somos perdonados, sanados y tenemos acceso a Dios. La fe es la persona de Cristo Jesús. Él es esa puerta de la que no podemos huir. Podemos operar en abundancia si entendemos esto cada vez que hacemos algo bueno. Cada vez que creemos en Dios, estamos abriendo una puerta, una puerta de misterio. La puerta nos sigue a todas partes. No tenemos que buscar la puerta; ella nos persigue y nos acompaña. Es la puerta de la bondad y la misericordia. Amén.

Anexo A: el aleph bet hebreo

Letra	Nombre	Valor numérico
א	Alef	1
ב	Bet	2
ג	Guímel	3
ד	Dálet	4
ה	Hei	5
ו	Vav	6
ז	Zayn	7
ח	Jet	8
ט	Tet	9
י	Yod	10
כ	Kaf	20
ל	Lámed	30
מ	Mem	40
נ	Nun	50
ס	Sámej	60
ע	Ayin	70
פ	Pei	80
צ	Tzadi	90
ק	Qof	100
ר	Resh	200
ש	Shin	300
ת	Tav	400

SOBRE EL AUTOR

El Dr. Adonijah Okechukwu Ogbonnaya (BA, MATS, MA, Ph.D.) es el fundador de AACTEV8 International, un Ministerio Apostólico y del Reino que trabaja con el Cuerpo de Cristo en todo el mundo para Ganar Almas, Discipular, Entrenar y Equipar a los santos en los misterios del Reino y la vida del Reino. Ubicado en Venice, California, el Dr. Ogbonnaya (también conocido como A. Okechukwu o «Dr. O») comenzó a predicar la Palabra de Dios en la década de 1970 en su adolescencia. Ha sido misionero, fundador de iglesias, pastor y profesor. El Dr. Ogbonnaya ha viajado y ministrado en más de 25 naciones de Asia, África, Europa y América del Norte y del Sur con el mensaje del Evangelio de Jesucristo. Ha visto a Dios realizar varias señales y prodigios como prometió en Marcos 16:1-17: los ciegos ven, los sordos oyen, los cojos andan, los muertos resucitan, las estériles reciben el fruto del vientre, las vidas se transforman y las mentes se renuevan. Se ha centrado en ayudar a los creyentes a abordar las realidades espirituales que se les han abierto en la persona del Señor Jesucristo. Es un hebreo nacido en Nigeria, África Occidental. Obtuvo su doctorado y máster en teología y personalidad y su máster en religión en la Claremont School of Theology. Completó su máster en estudios teológicos en el Western Evangelical Seminary y su licenciatura en religión en el Hillcrest Christian College de Canadá. También tiene un doctorado en edición empresarial.

También es el ponente de numerosas enseñanzas que se encuentran en: www.aactev8.com.

El Dr. Ogbonnaya está casado con la pastora Benedicta y ha sido bendecido con cuatro maravillosos hijos y nietos.

Seraph Creative es un colectivo de artistas, escritores, teólogos e ilustradores que desean ver el cuerpo de Cristo crecer en plena madurez, caminando en su herencia como Hijos de Dios en la Tierra.

Suscríbete a nuestro boletín para estar al tanto de la publicación del próximo libro de la serie, así como de otros interesantes lanzamientos. Visita nuestro sitio web:

www.seraphcreative.org

www.ingramcontent.com/pod-product-compliance
Lightning Source LLC
Chambersburg PA
CBHW050015040726
47599CB00014B/1397